# 期货短线

## 日内高胜算进场实战全程解析

白云龙 / 著

电子工业出版社·
Publishing House of Electronics Industry
北京·BEIJING

## 内 容 简 介

本书侧重于短线和波段交易技术，系统地讲解了如何做好基本面分析、如何寻找具有日内交易机会的期货品种、如何识别重要的支撑位和阻力位，以及如何让散户快速积累交易资金。本书的亮点是对每次进场交易的全过程都进行了详细的讲解，从等待机会时的注意事项，到对进场点的把握，让读者能更加直观地看到交易全过程，快速知晓期货技术的重点，从而在短时间内构建一套属于自己的交易系统。

**图书在版编目（CIP）数据**

期货短线：日内高胜算进场实战全程解析/白云龙著. —北京：电子工业出版社，2023.8

（白云龙期货交易实战丛书）

ISBN 978-7-121-45886-6

Ⅰ．①期… Ⅱ．①白… Ⅲ．①期货交易－基本知识 Ⅳ．①F830.93

中国国家版本馆 CIP 数据核字（2023）第 119140 号

责任编辑：黄爱萍　　　　　　特约编辑：田学清
印　　刷：河北虎彩印刷有限公司
装　　订：河北虎彩印刷有限公司
出版发行：电子工业出版社
　　　　　北京市海淀区万寿路 173 信箱　　　邮编：100036
开　　本：720×1000　　1/16　　印张：12.25　　字数：235.2 千字
版　　次：2023 年 8 月第 1 版
印　　次：2025 年 4 月第 4 次印刷
定　　价：79.00 元

凡所购买电子工业出版社图书有缺损问题，请向购买书店调换。若书店售缺，请与本社发行部联系，联系及邮购电话：（010）88254888，88258888。

质量投诉请发邮件至 zlts@phei.com.cn，盗版侵权举报请发邮件至 dbqq@phei.com.cn。

本书咨询联系方式：faq@phei.com.cn。

# 前　言

期货市场好比一座大山，里面藏着无数未知的宝藏，这让无数的寻宝人纷至沓来，你也许就是其中的一位。但是并不是每一个来到这个市场的寻宝人都会如愿以偿。绝大多数的投资者都乘兴而来，败兴而归。他们只知道宝藏就在前方，但忽略了寻宝之路异常凶险；他们只看到别人获取了宝藏，却没有让自己取得获取宝藏的能力。

绝大多数进入期货市场的投资者不能脚踏实地地获取财富，并且不知道通过什么方式才能获取财富。这些投资者看到了期货市场那些成功的"期货神话"，于是也渴望进入期货市场并获得同样的回报，但是并不知道"神话创造者"在交易背后所付出的超于常人的辛苦。

笔者在 2000 年进入期货私募行业，至今将近 23 年。在这 20 多年中，笔者深深地体会到一个交易者成长的艰辛。就像篮球巨星科比曾经说过的一句话："你见过凌晨四点洛杉矶的样子吗？我见过。"只有真正为某项事业付出的人才能深刻地体会到这句话的含义。笔者曾经说过："以交易为生注定孤独，别人在花前月下我们在看盘，别人在推杯换盏我们在看盘，别人在游山玩水我们还在看盘，生命不息，交易不止，财富只留给有准备的人。"

虽然现在大家看到的是笔者和团队成员参加全国各种期货实盘大赛荣获"冠军""季军"等多项大奖，但是在这些成功的背后，我们同样也有过失败。在经历过无数次的成功或失败后，笔者才明白期货交易比的不是爆发力，而是耐力，它不是一场短跑比赛，而是一场马拉松比赛。

随着近些年期货市场的繁荣发展，越来越多的投资者进入了期货市场。据笔者曾经任职的期货公司统计，80%的投资者所持有的资金都在 30 万元以下。也就是说，期货市场中大部分的投资者都是中小投资者，而且都处在亏损状态中。在期货市场中，中小投资者是靠技术分析及交易经验来进行交易的，而主力机构则在对基本面的把握上拥有得天独厚的优势。我们作为中小投资者，没有主力机构的资金优势，更没有现货背景的支撑，我们所要做的就是努力地学习期货技术分析，多多积累交易经验，只有这样才有可能在期货市场上分一杯羹。投资期货市场没有捷径，不要妄想买到包赚不赔的软件天天"躺赚"，更不要幻想靠满仓操作一夜暴富。期货财富的积累是一个聚沙成塔的过程，也是一点一点地积累起来的，想通过投资期货在短期内暴富的投资者，基本都以爆仓结束。

当你天天满仓交易，想通过期货交易在短时间内获取成功时，你已经把期货当作了赌博工具，交易起来就会很随意，对输赢就会比较在意，并且把盈亏归结为运气。因为此时你并没有用心地去经营期货交易，只是在进行一场随时被淘汰出局的赌博。

"满招损，谦受益。"在期货市场中，我们要时刻对市场怀有敬畏之心，你不敬畏市场，市场就会在适当的时候对你做出或大或小的惩罚。当我们学会期货技术分析的时候，刚开始要轻仓交易，通过反复的交易，把我们学到的期货技术分析运用在实际交易中，长此以往就形成了属于自己的交易系统。

关于一个行为习惯的养成有个法则：同样的事连续做 7 次你就会记住它，连续做 21 次你就会养成习惯，当你连续做 90 次时，这种习惯就会固化成属于你自己的东西。只要我们坚持不懈地学习，通过长期的演练，让进场方法、止损方法、止盈方法固化成我们盈利的能力，就能乐享期货交易的美好，以及通过期货交易实现人生的财富梦想。

交易就是一场修行，修行的投资者需要经典书籍和名师的点拨，否则就会像无头苍蝇一样在期货市场乱撞，最终撞得头破血流而不得不离开期货市场。可能在你被淘汰的那一天，你还没明白期货到底是怎么交易的。

笔者自 2018 年以来，先后出版了 3 本期货技术分析实战图书，即《期货日内短线复利密码》《期货大赛冠军资金翻倍技法》《期货短线——量价分析与多空技巧》，深受广大投资者的喜爱与认可。笔者希望自己多年的私募职业交易经历，以及多次参加全国期货实盘大赛的经验和技术分享，能对广大的投资者有所帮助。

为回馈广大读者的支持，凡购书的读者可以加笔者助理的 QQ 或者微信号，免费索取笔者为多个期货私募团队、期货公司讲授的"期货实战沙龙"视频课程和关于 K 线反转形态实战的教学视频。更多有价值的视频课程，笔者将陆续推出，免费提供给读者学习。笔者助理的联系方式如下。

微信号：18078848119

QQ：798457478 或 1620555064

添加时请注明：读者

扫二维码添加好友索取

# 目　录

# 第 1 章

## 进行短线交易所需要具备的素质

### 1.1 精湛的短线交易技术

期货交易需要什么？拥有精湛的技术是你在市场中长期生存的前提条件。有的投资者说期货交易与心态、执行力有关，但是心态和执行力是建立在技术之上的，没有技术，拥有再好的心态和执行力，你也无法做到稳定获利。绝大多数失败的投资者，因为技术不够精湛，所以无法准确地判断行情，在交易时就很容易受到情绪的影响，这样的交易就不是建立在技术分析的基础上的。

期货市场是一个多空搏杀的战场，我们每一个投资者就像士兵一样，如果武器装备足够精良，我们就会对这场战争抱有足够的信心，胜算也会足够大。但是如果我们赤手空拳，或者手中的武器非常落后，那么我们在敌人面前只能成为待宰的羔羊了，更谈不上有什么胜算可言。如果你没有过硬的技术，就匆匆忙忙地进入期货市场，胜负全靠运气，那么你的心理压力就会特别大，在交易失败后，你很难承受如此大的打击，最终的结果就是被淘汰出局。

期货交易是一个风险极高的行业，行情走势起起伏伏、捉摸不定，如果你只靠运气来交易，那么你不是在做期货，而是在赌期货。这种交易模式其实和赌博没什么区别，没有人能靠赌博真正地发家致富。赌博靠运气，靠运气做期货可能会给你带来短时间的盈利，但是要想长期稳定地获利，基本是不可能的事情，因为没有谁敢保证自己一辈子都有好运气。

但是如果你掌握了过硬的技术，行情走势对你来说就不那么深不可测了。因为面对看似杂乱无章、毫无规律的行情，你拥有足够的应对方法，你会表现得足够淡定，你会通过技术分析发现行情发展的方向，并迅速做出进出场的决定，不击则已，一击制胜。

关于期货技术，我们不能只会泛泛而谈，聊起来滔滔不绝，貌似什么技术都懂。在期货交易中，细节决定成败，我们要将期货技术学精、学透，而不是"照葫芦画瓢"。很多时候进场可能都要精确到一两根 K 线，笼统地只知道大概，最终会让你无法做到稳定获利。既然你选择了期货交易，那么就应努力学习期货技术，成功之路注定不会一帆风顺，如图 1-1 所示。

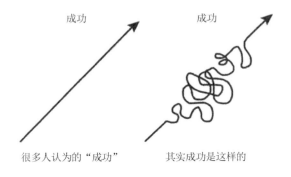

成功　　　　　　　　　成功

很多人认为的"成功"　　　其实成功是这样的

**图 1-1　成功之路注定不会一帆风顺**

## 1.2　充足的实战经验

期货交易靠的不是运气，而是过硬的技术。提到过硬的技术，就涉及一个期货名词——"盘感"。盘感不是与生俱来的，而是靠无数次交易慢慢积累起来的。笔者曾经和很多投资者有过交流，这些投资者上来就说他们进行交易靠的是盘感，笔者问："你所说的盘感指的是什么？"他们回答："盘感就是我感觉到顶了，就进场做空，我感觉到底了，就进场做多。"在这里笔者只能说这不是所谓的盘感，而是凭感觉，说白了就是赌而已。

盘感是在掌握丰富的技术知识的基础上，通过长期的实战，总结出的一套属于自己的固化的交易模式。当你看到 K 线等技术指标时，能够第一时间把你所学的技术知识对号入座，面对行情的不断变化，你应对的方法也在脑海里不断地变化，当出现可以进场的条件时，你会立刻进场。这才是真正的通过盘感来交易，盘感是通过长期的实战形成的。如果你只学技术，却不去进行实战交易，那么你永远都无法形成盘感。

"台上一分钟，台下十年功"，这话适用于学习各种技术，包括学习期货技术。如果我们想以期货交易为生，并且愿意把它当作毕生的事业，就应该脚踏实地地学习期货技术。现实中很多投资者只看到期货成功者的收获，却不知道每个期货成功者背后的付出。很多投资者在进入期货市场后不想付出努力，而是异想天开地寻找成功的捷径。笔者可以肯定地告诉大家，学习期货交易技术没有速成法，和学习其他行业技术一样，都要通过长期的演练，投资者才能学到属于自己的生存技能。我们在把期货交易技术拿到市场上应用之前，必须经过大量的训练，才能积累起足够多的实战经验，否则只是纸上谈兵。

止损是期货交易的常态，但并不意味着失败了就有了经验，而应从失败的交易中总结出自身交易的不足，对自身的技术进行相应的调整，这样才能让我们的技术精益求精，最终成为一套可行的交易系统。在期货交易过程中，亏损是很正常的事情，期货交易哪有不亏损的呢？笔者在二十几年的交易生涯中，不知道经历了多少次的爆仓。每一次的亏损都是我们寻找问题、总结经验的关键点。我们发现自身技术上的不足，在遇到同样的行情时要尽量规避它；我们不要怕犯错，而是要有勇气去改掉错误，这样我们才可能正确地积累交易经验。在期货交易中止损在所难免，但并不意味着投资者在止损多次之后就有可能走向成功。在失败之后，我们要不断地总结、思考，找出问题所在，才能成长，才能成功。

笔者在本书的前言里面说过："关于一个行为习惯的养成有个法则：同样的事连续做 7 次你就会记住它，连续做 21 次你就会养成习惯，当你连续做 90 次时，这种习惯就会固化成属于你自己的东西。"只要我们坚持不懈地演练，我们的进场方法、止损方法、止盈方法就会固化成属于我们自己的赚钱能力。所以当你找到了可以盈利的技术或者交易系统时，一定要通过实盘的演练让它变成属于自己的东西。

很多投资者用模拟盘来练习技术，但是模拟盘只能练习技术，却不能锻炼我们的心态和执行力。我们在用模拟盘练习一段时间后，就要用实盘来练习了。在开始进行实盘交易的时候，最好从一手的仓位练起，在你的技术、心态和执行力得到了一定的提升之后，就可以多加一点仓位了。

# 1.3　超强的执行力

学会了期货技术，你才发现其实期货技术只是通往交易成功道路上的一块"敲门砖"而已。一个人拥有良好的期货技术，不单单是指他知道了多少期货交易技巧那么简单，运用良好技术的背后是深厚的交易内功，这种交易内功就是交易执行力。

很多投资者进入期货市场，把全部精力都用在技术研究和交易系统总结上，他们认为只要拥有了技术，并且总结出一套良好的交易系统，就可以在期货市场中稳定获利了。但是随着交易经验不断地增加，投资者会发现，真正以交易为生的交易高手的交易系统往往是非常简单的。真正让他们长期稳定获利的不是多么完善的交易系统，而是严格按照交易系统交易的执行力。笔者曾多次和学员说过："你必须严格遵守你的交易规则。再好的技术，再完善的交易系统，如果没有执行力，也很难创造利润。"

找到可行的技术并把它变成一套可行的交易系统，只是向期货交易成功迈出的第一步。很多交易高手哪怕只是使用一个简单的布林通道系统，也能达到稳定获利的目的。所以一套成功的交易系统并没有那么神秘，能够正确运用交易系统的能力远比交易系统本身更为重要。

很多投资者通过不断的寻找、总结，以及大量的复盘，终于总结出一套属于自己的交易系统。而且通过分析历史数据发现利用这套交易系统是可以达到稳定获利的，但是在实际交易中却因为这样或那样的原因不能严格地去执行。

在趋势交易中，我们发现了一个符合自己交易系统的行情，所有的进场条件都具备，但是刚刚进场，一则突发的消息导致行情背道而驰，甚至直接触发我们的止损，让我们原本计划好的交易就此终结。当行情比较反复的时候，这种情况可能会反复地出现，交易系统出现的连续亏损，让我们对此交易系统产生了怀疑。我们在短时间内进行了多次止损，会严重影响到已经通过验证的交易系统的正确执行，此时交易执行力不够的问题就凸显出来了。

到底是什么原因导致我们对可行的交易系统不能严格执行呢？

投资者小张进行期货交易已经很久了，曾经冲动地想通过天天发帖来证明自己到底有多强，后来爆仓了，现在想起来真的很可笑。大家每天都在争论用什么样的方法能赚到钱，是长线还是短线？是波浪理论还是江恩理论？笔者在这里想说的不是技术，说起技术，可能有一万个人都比小张的技术要好，但是为什么他们不能稳定盈利呢？

其实，不管什么技术，都能帮你赚钱，关键是你能不能把技术用好，信不信它。这里我们聊一聊执行力。

小张从2008年开始做期货，大概到2010年有了自己的交易系统，他感觉仿佛在期货市场上找到了一把"金钥匙"。在模拟交易了很久之后，小张认为这套交易系统理论上是能赚钱的。可是一到实盘交易就不一样了，一直亏到2012年年初，前前后后亏了100多万元。小张总结亏损的原因，无非就是资金管理不好、心态不好等。

怎么办？停下来吗？从事期货交易，想停下来是很难的。小张开始锻炼自己的意志，先开始戒烟，然后开始跑步。经过了戒烟和跑步，小张对自己又有了信心，因为他发现自己还是有一定的执行力的。

接下来小张每天都盯盘，但是什么交易也不做，只分析自己的交易方法。小张的交易方法很简单，就是进行趋势交易，有时候要连续止损才能抓住一波行情，一般止损次数为两三次，最多的时候连续止损 7 次。在连续止损 7 次之后，当行情又出现进场机会时，小张放弃了，他没想到第 8 次走出了一个单边行情，原本可以一次把之前 7 次的亏损都能赚回来，却眼睁睁地错过了。

2015 年小张经过短暂的反省，又重新开始了期货交易，运气还不错，抓到了一次沪铜单边行情，一下就把这几年的亏损基本都赚回来了。虽然后面连续遇到多次止损的行情，但是经验让他有了执行力，经验告诉他不要被连续止损吓到，要相信自己的交易系统。现在小张完全不怕止损，终于上岸了。

通过讲这个真实的故事，笔者是想给还在苦海中的投资者一点忠告：你用什么方法进行期货交易不重要，重要的是你要有坚定的意志力和执行力。期货交易就像武功一样，也有内功与外功之分，技术是外功，执行力是内功，只有将两者完美结合才会取得成功。

没有交易内功的人，就像不练内功的学武者一样，经不起风吹雨打。而一个有交易内功的人，即使使用简单的 60 日均线，也能够获利。很多投资者总想走捷径，只想学习拿来就能立即见效的交易技术，而忽视了技术背后的交易内功。对交易成功来说，重要的不是交易系统，而是投资者彻底贯彻交易系统的执行力，交易心理和交易内功决定了投资者的最终成败。

交易的难点不在于学习，而在于如何运用，是否能够严格贯彻交易系统的执行力，才是交易成功与否的关键。投资者是否盈利以及盈利多少，与其所掌握的技术的多少关系不大，完全是由交易内功，也就是执行力来决定的。

知易行难，90%的投资者只关心交易技术，而忽略了成功交易中最重要的交易执行力。没有交易执行力，我们在交易中就会出现各种问题。很多人通过自己的努力，一项一项地进行改正，却收效甚微，效果极不理想。要改掉交易中的各种错误，需要极大的毅力和较长的时间。即使你终于可以完全改正，也会有新的问题在等着你，无穷无尽的问题在不停地循环，以至于很多人永远都走不出这种改错的旋涡。因此很多人觉得期货交易真的很难，其实归根结底难在交易技术的执行。

　　无法成功的原因是你没有交易执行力，如果我们只是单纯地完善交易系统，而不去加强和修炼自己的交易内功，那么盈利就是一种奢望，遥不可及。通过修炼交易执行力，以前很多难以解决的问题都将迎刃而解。这就是经过系统的执行力训练，很多投资者发现自己的交易能力有了很大的提升，原来难以解决的问题都顺利解决的原因。

　　投资者只有完全理解和掌握这些内容，才不会在实战中迷失自己甚至胡乱操作。一个人的行为往往由他的思维所支配，理念正确，行动才会正确。投资者对市场的理解越透彻，在交易时受到的干扰就会越少，操作也就越顺利。

　　如果我们能够形成"坚持使用一个可行的交易系统""经验的积累及执行力的贯彻比好的交易系统更重要"等正确的交易理念，就不会受到其他系统的干扰，也不会不停地去寻找所谓的交易"圣杯"。总之，你对交易内功理解得越深刻，在操作中出错的机会就越少，你的执行力也就越好。我们要明白一个道理，交易中铁的执行力要比完美的交易系统更加重要。

# 1.4　完善的交易系统

　　笔者在和众多期货投资者交流的过程中发现，很多期货投资者对什么是交易系统还比较模糊。交易系统就是投资者在交易中的行为准则，如同生活中的法律法规，从进场、持仓到止损或者止盈出局都有一套完整的交易流程。创建一套属于自己的交易系统，是每一个投资者在进入期货市场之后必须做好的第一件事。

　　在有了交易系统之后，进场有依据，加仓有加仓的理由，持仓有持仓的原则，止损有止损的根据。交易系统可分为进场前的趋势分析系统（判断行情多空的标准、判断趋势行情的方法等）和进场后的风险控制系统（在什么情况下减仓、在什么情况下清仓等）、资金管理系统（每笔交易的最大资金回撤、单日资金的最大回撤等）。

　　投资者要经过长期的实战总结，才能得到一套可行的交易系统，没有经过长期的实战总结，是很难拥有一套属于自己的交易系统的。很多投资者信奉"拿来主义"，经常把期货高手的交易系统拿来直接套用，但是发现并不好用。其实并不是别人的交易系统不好用，而是这些投资者用不好。笔者举个最简单的例子。笔者的工作室有一名操盘手，做期货做得非常好，并且参加期货实盘大赛多次获奖。他也很愿意和其他投资者进行分享，很多投资者在得到他的交易系统后如获至宝，以为就此得到了期货稳定获利的"钥匙"，但是通过一段时间"照葫芦画瓢"地套用，交易还是亏损多盈利少。

为什么在别人那里可以赚钱的交易系统到了自己这里却成了亏钱的交易系统？笔者给大家分析一下，这套交易系统没有任何问题，才能让这名操盘手能够在期货市场上长期稳定获利，并且多次在期货实盘大赛上获奖。由于这套交易系统是其本人经过长期的实战总结出来的，他在市场每次出现进场信号时都毫不犹豫地进场交易，并且长期坚持做好资金管理，因此可以实现稳定获利。即使偶尔出现连续亏损，他也会坚定不移地做下去。因为他知道这几次的亏损只是40%亏损中的一部分，60%可以盈利的单子还在后面等他。他能克服自身的主观意志和情绪对交易的影响是其成功最重要的条件之一。

由于这些进场及出场的方法已经在历史走势中得到验证，因此他在使用时基本不用做过多分析，就是机械式地进行交易，出现进场信号就进场，错了就止损，方向对了就按部就班地持仓，周而复始，不断重复简单的动作。这也是很多职业操盘手和以交易为生的投资者最常见的交易状态。

但是很多投资者无法做到这一点，他们在欣喜若狂地拿到别人赚钱的交易系统后，当盈利的时候就会认可别人的技术，在出现几次亏损后又质疑别人的交易系统。这就会导致以后在出现进场信号时他就会犹豫、质疑，乃至无法做到每次出现进场信号都能毫不犹豫地进场。这就会出现什么情况呢？那就是亏损的时候他们进了，赚钱的时候他们犹豫了，明明赚钱的交易系统变成了亏钱的交易系统。其实一套可行的交易系统并不一定适合所有的投资者，因为每个投资者的技术基础、交易习惯、执行力、资金情况等因素的不同，导致不同的投资者使用同一个交易系统的效果也不同。

　　期货投资者在进入期货市场的初期总是把期货交易看得非常复杂，所以也把自己的交易系统设计得非常复杂，总是希望设计出一套不进则已、进场必胜的交易系统。但随着交易时间的推移和经验的积累，我们会逐渐发现再完美的交易系统也无法做到百分之百的成功。

　　笔者最初也出现过这样的问题，但是在走进职业操盘手的世界之后才发现，真正能让你在市场上长期生存的交易系统其实并不复杂，甚至简单到让你忽略它的存在。可能简单的 K 线和均线的配合就可以让你做到稳定获利。交易系统其实就是历史走势中高胜算的交易图形加上进场时对细节的把握，而且通过复盘，这些高胜算的交易图形的准确率相当高。

　　笔者在实盘交易中不怎么用技术指标，因为笔者认为技术指标都是滞后的，价格的上涨或者下跌不是单纯的一个或者几个指标的金叉或者死叉就能改变的。但是，既然软件提供了技术指标给投资者，那么就有它的可用之处，前提是你要会用，而不是按照软件上的指标使用说明肤浅地使用。所以大家在设计交易系统时一定要多元化，不要只看一两个技术指标。

　　功夫不负有心人，我们只有朝着对的方向努力学习，才能成功建立属于自己的交易系统。但是笔者发现现在很多投资者在一开始做期货时思路就出现了偏差，如试图购买一套包赚不赔的交易软件。这种投资者笔者接触过太多，他们会花几万元钱买交易软件。笔者经常告诫他们，如果你买的交易软件能赚钱，编写交易软件的人为什么还卖你呢？直接自己使用天天"躺赚"多好呀。所以笔者建议如果你真正想在期货市场上长期生存，必须有一套属于自己的交易系统，它需要简便、易用。除此之外，你还应该加强执行力的修炼，让自己尽量地遵守交易规则，这样才能在期货市场上长期生存。

　　交易系统形成了，就要有交易计划。笔者每天在进行交易前都要做交易计划，有了交易计划当天的交易才能有交易原则，才能做到有的放矢。交易计划的内容必须清晰、明确，所以笔者建议投资者每天采用书面笔记的形式来记录交易内容。

　　交易计划一般都包括哪些内容呢？

　　（1）通过趋势分析找出进场要交易的机会品种。

（2）进场交易的条件。

（3）进场后投资者能承受的最大亏损。

（4）行情符合预期时止盈的依据。

笔者在这里只是简单地列举这几点，其实完整的交易计划已经超出了这几点。

进场交易的条件必须是可行的，而且清晰并具有唯一性，不能模棱两可。在期货交易中，我们时时刻刻都要注意风险，要保护好自己的本金。本金好比子弹，没有了本金你拿什么在期货市场上拼杀？所以我们在每一次交易前，都要非常明确自己将投入多少本金，以及能够承受多大的亏损。

在进场后我们面对的就是出场了。出场包括几种方式：一是判断错误止损出场；二是获得利润止盈出场；三是价格在接下来的行情走势中不温不火，并没有达到我们的预期，于是出场。止损设置容易，但是执行起来并不容易，止损的能力也是衡量一个投资者交易能力的因素之一。止损是对自己先前进场时的判断的否定，以及接受本金亏损的事实，这是对人性的考验，也是对投资者的一个极大的挑战，所以止损的执行力要大于止盈的执行力。

制订好了交易计划，这只是我们一天交易的开始，接下来我们所要做的是坚决而迅速地执行已经制订好的交易计划。在期货交易中，有90%的投资者从来没有制订过交易计划，因为他们不知道期货交易需要计划。没有交易计划，你怎能在交易中获得利润呢？交易计划需要得到不断的修改，在某一时期有用的交易计划在接下来某一时期的行情中并不一定可行。我们要随着行情的变化不断地改进交易计划，才能让自己的交易能力不断提升，才能让自己的交易越做越好。

为什么职业操盘手和以交易为生的投资者都会制订自己的交易计划？这是因为当行情波动的时候，投资者往往会把个人情感带入交易中，从而或多或少做出各种不理性的操作。所以笔者建议投资者在交易之初就制订好交易计划，规定好在什么条件下进场、在什么条件下出场，以及如果进场后行情背道而驰应该在什么点位止损。当然，执行盈利的交易计划会使人身心愉悦，执行亏损的交易计划会使人沮丧。有了交易计划，我们就可以明明白白地交易，知道亏损的原因所在，知道盈利方法的可行性。投资者在交易的时候，面对行情的每一次波动都会产生无数的想法，涨了怕跌，跌了又怕涨。如果此时没有计划和纪律，投资者就很难有理由去持有正确的单子。

如图 1-2 所示是广州智航工作室的期货交易计划书。大家可以根据自己的进场条件、资金管理情况、止损条件、加仓条件和出场条件对其进行相应的修改，不要拿来就用。有了交易计划书，大家每天所要做的就是严格按照计划书上的内容去操作，这样坚持半年左右就会形成属于自己的交易系统。在有了属于自己的交易系统后，接下来的任务就是严格地执行，可能开始还无法做到百分之百地执行，随着交易经验的增多，慢慢地你会发现，严格执行交易系统不再是难事，此时恭喜你离天亮不远了。

| 广州智航工作室的期货交易计划书 | | | | |
| --- | --- | --- | --- | --- |
| | | | | 日期： |
| | 开盘前分析 | 重点关注品种 | 品种一 | 品种二 |
| 入场情况 | A. 趋势分析 | 1.　　　趋势 | | |
| | | 2.　　　趋势 | | |
| | | 3.　　　趋势 | | |
| | | 4.　　　趋势 | | |
| | | 符合哪种模式 | | |
| | | 开仓价格 | | |
| 资金管理 | | 首批开仓资金 | | |
| | | 加码资金 | | |
| 止损计划 | | 初始止损 | | |
| | | 平衡止损 | | |
| | | 时间止损 | | |
| | | 技术止损 | | |
| B. 加仓计划 | 加仓理由 | 1. 重新突破创新高 | | |
| | | 2. 回调得到支撑 | | |
| | 加仓份额 | 进场仓位 | | |
| 持盈 | | 持仓标准 | | |
| C. 减仓计划 | | 1. 减仓理由 | | |
| | | 2. 减仓手数 | | |
| D. 平仓计划 | 卖出理由 | 1. 买入理由不存在了 | | |
| | | 2. 到了止盈位 | | |
| | | 获利亏损情况 | | |
| | | 遵守计划情况 | | |
| | | 犯错误原因 | | |
| 操盘总结 | | 交易计划改进 | | |

` ◄ ◄ ► ►| \Sheet1 ⟨Sheet2 ⟨Sheet3 ⟩`

**图 1-2　广州智航工作室的期货交易计划书**

# 1.5  情绪的控制

很多投资者在刚开始接触期货行业的时候，总是天真地以为期货和其他行业一样，只要有了技术，就可以赚钱了。没错，期货交易一定需要技术，但是当你有了一定的技术，甚至有了属于自己的交易系统时，你才发现想在期货交易上盈利并不是那么简单的一件事。

笔者经常建议投资者在学习期货交易时一定要从模拟交易开始，在你把所学的技术和交易系统通过模拟交易演练得滚瓜烂熟后再进行实盘交易。但是很多投资者在做了多次模拟交易后，把在模拟交易中演练得非常熟练的技术和交易系统运用到实盘交易中总是不尽如人意。在模拟交易中已经融会贯通的技术及交易系统，为什么用在实盘交易中却无法达到模拟交易的效果呢？通过大量的复盘分析我们发现，当投资者用真金白银交易的时候，由于害怕亏损会产生不理性的情绪，这种不理性的情绪将会出现在投资者的整个交易过程中。

无论你的交易技术有多好，无论你的交易时间有多长，你所能做的只是控制这种不理性的情绪。坦白地说，笔者已经从事职业交易 20 多年，现在在交易时还或多或少地存在不理性的情绪。这种情绪是无法彻底根除的，只是职业投资者比普通投资者控制得好罢了，这也是职业投资者和普通投资者的不同之处。

交易时产生的情绪其实也是一种能量，积聚多了就会爆发出来。理性的交易者在面对行情不利于自己的交易时，只要不是连续性亏损，一般都会保持一种平和的心态，即使连续的亏损导致情绪不理性，其也会通过其他方法排解情绪。笔者如果在交易中连续出现 3 次止损，就会停止一天的交易，因为再进行交易可能就会情绪化，这是笔者从事交易时的铁的纪律，笔者知道情绪失控所带来的交易后果。有经验的投资者可以通过制订交易计划，迫使自己不去做带情绪化的交易，而普通的投资者往往做不到这一点。大多数投资者，尤其是新手，由于交易不顺经常会产生情绪。因为他们没有交易技术，也没有交易规则，更没有交易纪律，当然也就不知道如何排解情绪，所以亏损在所难免。在期货交易中，严格执行交易规则是唯一与交易情绪对抗的武器，你必须把交易规则重视起来，尽可能地去遵守和执行，才能让自己在交易情绪的剧烈波动中生存下来。

投资者一般在什么情况下容易产生情绪波动呢？第一种情况是，亏损超出了个人的心理预期。很多投资者在交易之初还能理性地交易，可能还制订了完整的交易计划，但是在出现了连续的止损后，亏损幅度已经超出了交易前的预期，此时他们的情绪就有了变化。他们将所有的交易计划都抛诸脑后，就想着重仓一次把之前的亏损都赚回来，越临近收盘这种愿望越强烈。因为一旦收盘，今天的亏损就没机会赚回来了，起码今天没机会了。这就会导致投资者盲目地进场、加大仓位进场的现象出现，进场后的目的就是赚回之前的亏损，所以也不设止损，当再次亏损时只能死扛，默默地祈祷好运的降临。

第二种情况是预期收益和实际行情的利润严重不符。按照预先制订的交易计划此次交易本来能盈利几十个点，结果拿了十几个点就出场了，出场后行情超出了预期，此时投资者的心里就会极度地不平衡。这个时候投资者需要冷静地思考出现这种情况的原因，但是很多投资者往往没有经过思考就会产生下一笔单子一定要坚持持有的想法。当下一笔单子的盈利达到预期时，投资者还想再继续持有一下，最终却触发了止损。当下一次的交易行情又只有十几个点的时候，投资者又不敢持有，结果行情又超出了预期。反复如此几次，投资者就很容易陷入盈利永远达不到预期的死循环里，此时大多数投资者情绪波动很大，甚至出现沮丧和烦躁的现象。

你的交易中出现过这两种情况吗？大部分投资者都会遇到这两种情况。导致这两种情况出现的原因有以下几个：首先是紧张恐惧，出现这种情况的主要原因是投资者的仓位过重，每个人的承受能力是有限的，当投资者承受比正常情况下更大的风险压力时，就会犯下平时不会犯的错误，仓位过重让自己的交易不能严格地按照最初制订的交易计划进行。

其次是过度贪婪和自信。我们每次在进场前，首先要考虑的是这次交易的风险，而不是这次进场一定要获取多少利润。如果你在每次进场时都打算获利出场，那么你就会变得非常贪婪。在交易中人性的贪婪具体表现为：重仓交易，渴望在短时间内让自己的财富快速增长；频繁交易，不想错过任何一个赚钱的机会，甚至不惜逆市交易。

交易中体现的人性弱点是每个人与生俱来的本性，是不能完全克服的。世界上很多著名的历史人物都在衍生品投资中失败过，如牛顿、爱因斯坦等。牛顿曾经说过："我可以计算天体运行的轨道，却无法计算出人性的疯狂。"期货市场中充满了每一个投资者对金钱的欲望，同时也充满了太多的恐惧，我们唯一能控制的是自己那颗贪婪、恐惧的心，一个投资者能在期货市场中保持理性和清醒的头脑是多么不容易。

我们如果想成为期货的最后赢家，就要尽量去克服这些人性的弱点，而不是完全地杜绝。我们只能把这些人性的弱点控制在一定的范围内，谁控制得越好，谁就有可能成为最后的赢家。巴菲特曾说过这样一句话："我在证券投资方面也会有恐惧和贪婪，只不过在别人贪婪的时候我恐惧，在别人恐惧的时候我贪婪。"

在交易时控制情绪是非常重要的一件事，这关乎我们最终的成与败。要想使人性的弱点对交易的影响最小化，需要强大的技术支持及长期的实盘交易经验的积累，更需要强大的执行力。如果你想在交易中尽量不产生负面情绪，就要制订你的交易计划，要有可行的技术支持，千万不要凭感觉做期货，手摸着鼠标就盲目地下单，这种投资者和赌徒没什么两样。期货学习不单单是学习技术，还包括和交易有关的执行力的训练，以及对个人行为的修炼。我们要在期货交易中有意识地提升整体素质，再加上长期交易经验的积累，慢慢地我们会发现自己的交易情绪变好了，心态也成熟了。

进行期货交易不要急，要慢慢来，我们要一步一个脚印地做好当下，努力学习交易技术，建立属于自己的交易系统，制订交易计划并严格地去执行，这样坚持下去一定会有所收获。千万不要强迫自己去控制交易情绪，那样会适得其反。我们一定要正确地疏导交易情绪，不要刚开始就给自己定一个很高的目标，强迫自己必须在一定的周期内实现什么样的目标，要慢慢来，步步为营。

# 1.6 交易运气

一说到交易运气，就会有很多投资者质疑："交易不是靠技术和执行力实现稳定获利的吗？"是的，没错，期货交易主要靠技术和执行力。投资者只要有过硬的技术和良好的执行力，就有可能在期货市场里长期生存。但是大家一定要认可一件事，做任何事情都或多或少有运气的成分在里面。

在期货交易中，我们要相信被验证且可行的技术及交易系统，但是也不能高估自己的技术及交易系统，否则就会变得自负。

我们在和其他期货交易高手交流的时候，经常听到一句话："好技术也要有行情的配合。"行情的配合才能让我们的技术发挥到极致，我们只能保证自己进场的条件没问题，却无法保证进场后的行情走向。

每一个投资者在进入期货市场前都要学习技术，并且研究出一套属于自己的交易系统。投资者在有了属于自己的一套交易系统后，除了严格地执行自己的交易策略，拥有运气也至关重要。

其实我们赚的都是行情走势的钱，如果行情不按照我们的交易规则运行，我们就会止损。这个世界上不存在完美的交易系统，让我们可以抓到所有赚钱的行情。我们在期货市场上能赚的，只是符合我们自己的交易规则的行情的钱，至于赚多赚少，那只能看运气。

所以期货交易要想稳定获利，需要技术、执行力和运气的加持。投资者不要因为几天的交易不顺，运气不好，就想着去改变自己的交易系统，就去质疑自己之前的一切努力，然后去寻找其他你认为的交易"圣杯"。这样的交易行为是致命的，很多投资者在有限的交易时间里，一直在寻找自认为完美的交易系统，最终在被淘汰时都没明白交易的真谛。运气是无法被控制的，我们所能控制的，只有自己的交易系统和交易情绪。我们要不断地优化自己的交易系统，调整自己的交易情绪，只等好运的到来。

# 1.7  交易中等待的重要性

交易中等待的含义是等待进场机会的来临，笔者在 2016 年曾经发表过一篇关于期货交易要学会等待的文章，名为《做期货必须要学的两种动物》，和大家分享要学的其中一种动物。我们在进场的时候一定要有鳄鱼的精神，鳄鱼有哪些特征和生活习性呢？鳄鱼看似木讷，其实非常足智多谋，它能顺应环境，并善于利用周围的地理环境，巧妙地隐藏自己，然后以逸待劳地等待猎物。

鳄鱼具有超常的韧性和耐力，一次进食后可以半年不吃不喝，在没有发现好的捕食机会前，能理性地控制自己的体力消耗以保存实力，伺机而动。鳄鱼以静制动，以不变应万变。一旦机会来临，它就迅速出击，一击必中。鳄鱼理性、冷静，它捕猎的方式就是"守株待兔"。

其实投资者完全可以把鳄鱼的这种捕食理念运用到期货交易中。期货市场并不是随时都有机会让投资者进场的，算下来 70%的行情都在盘整，而真正有用的行情只占 30%，给我们的进场机会并不多。我们进场后大部分的状态都是空仓等待，真正持仓的时间也就 30%左右。在没有机会进场的时候，我们能做的就是耐心地等待。进场机会是等出来的，这一点投资者要切记。大家一定要好好学习鳄鱼的精神，一旦机会来临，就要迅速出击，不攻则已，一击必中。

很多期货投资者每天只是手拿着鼠标拼命地下单，感觉这才叫作期货交易，这么频繁的交易带来的结果却是赔钱，为什么呢？笔者在上文中提到，期货市场中的震荡行情占了 70%，真正有趋势的行情只占 30%，而在期货交易中，我们只有在有趋势的行情里进行交易才能赚钱。这个趋势可大可小，也许只存在几分钟，或者几小时、几天，也可能存在几个月。

所以，等待也是交易的重要组成部分，交易的次数多并不代表赚钱的机会也多，期货盈利比的不是交易次数，而是交易质量。关于这一点笔者经常告诫工作室的操盘手："期货交易'宁可错过，也不做错'。"做错了肯定会造成不必要的亏损，但是错过没关系，我们不要为失去一次机会而懊悔和惋惜。我们要时刻持有这种想法：只要期货公司不倒闭，我们就天天有机会。你见过鳄鱼像狮子、老虎那样追捕猎物吗？在一次突袭失败后，它还会回到原位并静静地等待下次机会的到来，这一点非常值得我们学习。不要为自己今天没有交易而懊恼，在盲目创造机会并交易失败后，你就会后悔，恨自己没有管住自己的手。

以上是笔者从鳄鱼身上得到的一些启发和感悟，也可以叫作"鳄鱼之进场机会等待法则"。

真正的期货交易高手应该具备这样的能力：决不能为了交易而交易，要耐心地等待时机，严格按照预先制订的交易计划进行交易，当行情出现交易系统中的进场信号时立即进场。在正确的时间、正确的行情中做正确的交易，才有可能得到预想的结果。但是大多数投资者往往由于缺乏足够的耐心去等待进场机会，而和盈利失之交臂。

在期货交易中，我们不仅要努力地学习技术，还要懂得如何耐心地等待进场时机。在等待中我们要把握好度，不急不躁，当机会来临时不能太过犹豫，否则机会就会与你擦身而过。在期货交易中我们要耐心地按照制订的交易计划执行，不要做过多的主观判断和预测，也不要过多地听取他人的建议，不道听途说，不盲目跟风，和人交流反而会误导你的交易，所以做职业期货投资者是比较孤独的，要坚持自己的交易计划，抓住时机在恰当的时候进场。

如果你想成为成功的期货投资者，那么在交易的时候一定要全神贯注地观察行情的变化。期货行情波动越剧烈，我们反而越要冷静，耐心地等待。利弗摩尔曾经说过："一位成功的投资者必须像一位成功的商人，能够正确地预见未来的需求，适时进货，并耐心地等待盈利的时刻。"这里的"适时"其实就是等待机会的来临。期货交易是一个技术性很强的行业，是一项非常严谨的工作。你要想一辈子都从事这个工作，那么耐心等待是一门必修课，心浮气躁或心存杂念，都容易让你在期货市场上遭受或多或少的打击。期货市场每天的行情并不会随时给你提供进场的机会，你也就没必要时刻准备着去做交易。我们要耐心等待自己交易系统中进场机会的出现，然后出击，学会等待才是执行力的一种体现。

# 第 2 章

**2**

# 如何做好基本面分析

什么是期货的基本面分析？期货的基本面分析就是在宏观情况下通过分析商品的供需情况和供求关系，预测未来其对商品价格的影响。比如，你认为未来几个月内某种商品的供大于求，那么你就可以通过你的分析预测未来几个月内该商品的价格会出现下跌，在期货交易中你就可以做空这一商品的远期合约。再如，你认为未来几个月内某种商品的求大于供，那么你就可以预测未来几个月内该商品的价格会出现上涨，在期货交易中你就可以做多这一商品的远期合约。我们进行基本面分析的目的就是预测未来某种商品的中长期趋势。基本面分析和技术面分析的不同点就是：基本面分析一般用来做中长线交易，而技术面分析在短、中、长线交易中都适用。

## 2.1 影响商品期货价格的因素

基本面分析的目的是通过分析期货商品的供求状况及其影响因素，预测期货价格趋势的变化。商品价格的波动主要受市场供应和需求等基本因素的影响，即减少供应或增加需求将导致价格上涨。反之，增加供应或减少需求将导致库存增加、价格下跌。然而，随着现代经济的发展，一些非供求因素也对期货价格的变化起到越来越大的作用,这就使得投资市场变得更加复杂,更加难以预料。影响期货价格的因素主要有以下六个。

(1)供求关系。商品期货是市场经济的产物,因此,它的价格变化受市场供求关系的影响。当供大于求时,就会出现商品过剩,商品期货价格下跌。反之,当求大于供时,就会出现商品短缺,商品期货价格就会上涨。反映供给的变量有前期库存量、当期生产量和当期进口量。反映需求的变量有消费量、出口量及期末商品结存量。图 2-1 所示为商品期货供求关系与其价值变化示意图。

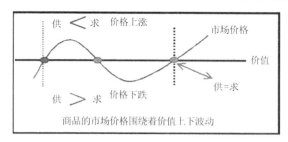

**图 2-1　商品期货供求关系与其价值变化示意图**

供求关系的变化决定了价格的涨跌,商品的市场价格是由供求关系决定的,如果投资者想通过分析基本面来预测某商品的未来走势,可以从它的供求关系入手。但是通过分析基本面的供求关系来预测某商品的未来走势,一般适用于中长期趋势交易,持仓周期越短,分析基本面越没意义。比如,你做日内短线交易,持仓才一两个小时,甚至几分钟,那你研究交易品种的供求关系就没有太大意义。因为未来的供求关系影响不到日内的交易,如果你打算做中长线趋势交易,可以参考图 2-2 所示的供求关系与价格之间的关系图进行分析。

(2)经济周期。经济周期又叫作商业周期,指的是全球或者某一国家的经济不是一成不变的,而是会有一定的起伏和变化,并且这种起伏和变化在时间上具有一定的规律性,这种经济状况的有规律性的起伏就形成了经济周期。经济周期在本质上是一个国家经济紧缩政策与经济放宽扩张循环的体现。在期货市场上,商品价格变动会受经济周期的影响。经济周期包含复苏期、过热期、滞涨期、衰退期四个阶段。在经济周期的各个阶段,都会出现价格上涨和下跌的现象,并具有一定的规律性。

| 需求不变供给变化 | 供给量 ↓ | 价格 ↑ |
|---|---|---|
| | 供给量 ↑ | 价格 ↓ |
| 供给不变需求变化 | 需求量 ↓ | 价格 ↓ |
| | 需求量 ↑ | 价格 ↑ |
| 供给变化需求变化 | 方向、幅度相同 | 价格不变 |
| | 供不应求 | 价格 ↑ |
| | 供过于求 | 价格 ↓ |

| | | 需求量 ↓ |
|---|---|---|
| 不考虑其他因素 | 价格 ↑ | 供给量 ↑ |
| | | 需求量 ↑ |
| | 价格 ↓ | 供给量 ↓ |

**图 2-2　供求关系与价格之间的关系图**

在期货交易中，利用经济周期的规律性可以判断出市场行情在什么时候可能上涨、在什么时候可能下跌，以及在什么时候可能出现转折。在经济周期的这四个阶段中，四种主流金融产品的投资热度的变化也有一定的规律，这四种主流金融产品分别是股票、商品期货、债券、现金。图 2-3 所示是经济周期四个阶段中四种主流金融产品的投资热度的变化。投资者可以根据这四种主流金融产品在经济周期四个阶段中投资热度的变化，进行合理的金融投资。

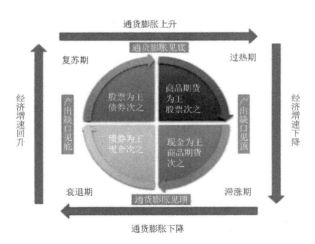

**图 2-3　经济周期四个阶段中四种主流金融产品的投资热度的变化**

经济周期理论反映的是根据国家的经济增长情况和通货膨胀情况，将经济周期分为了四个阶段，在不同的阶段商品期货的表现各不相同。在复苏期，各种商品的生产量和价格基本都处于历史低位，随着经济的复苏，商品的生产量和消费者对商品的需求量都有所增加，商品价格也会慢慢地上涨。

复苏期过后就进入了过热期，此时投资者的投资欲望和物质需求，以及对消费服务的需求都在不断地增加，那么商品的价格就会持续上涨。投资需求和消费需求的不断扩张超过了产出，商品的价格就会迅速上涨到较高的水平，体现在商品期货中就是开户量急剧增加，同时大量的闲置资金进入期货市场，此时大部分商品期货的价格都以上涨为主。

经过了过热期就进入了滞涨期，此时的经济开始下滑，老百姓口袋里没钱了，对各种商品的需求自然就减少了，市场上商品的供给远远大于需求，商品的价格自然就下跌了。同时由于期货投资者的资金减少了，期货市场没有了往日的火热，商品期货的价格也会随之下跌。

经过了滞涨期就进入了衰退期，长期的经济衰退，导致经济发展到了经济周期的底部，经济一片萧条，供给和需求都到达了经济周期的历史最低点，各种商品的价格也都处在经济周期的历史最低点。

判断经济周期处在哪个阶段主要有以下几个指标。

① CPI：消费者物价指数，主要用于衡量通货膨胀水平的变化，它反映的是消费者购买商品的能力及各种服务需求的价格变化情况。

② PPI：生产者物价指数，是国家制定相关政策及核算国民经济的依据，主要反映了农业生产者、工业生产者和建筑业生产者提供的产品的价格变动情况。

③ GDP：国内生产总值，这个指标反映了国家当前的经济状况以及经济发展水平，其实反映的就是国家在某一段时间内所有经济产出的价值。

④ 失业率：失业率是指全国就业岗位和就业人数一比一饱和后，还有多少人没有工作。失业率反映的是一个国家的失业情况，经济增长越快，失业率越低，反之，经济增长越慢，失业率越高。失业率也是反映经济发展的重要指标，它与 GDP 增长率之间为负相关的关系，如图 2-4 所示。

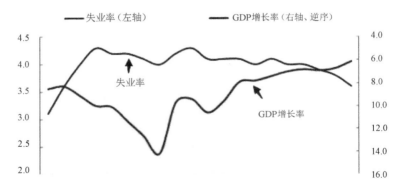

图 2-4　失业率与 GDP 增长率的走势叠加图

⑤ 社会消费品零售总额：社会消费品零售总额是观察、分析国内消费水平非常重要的指标之一，反映了全社会零售业、餐饮业及市场收入的情况。它的增加证明老百姓有钱了，反映了老百姓在一定时间内生活水平提高了，物质文化需求增加了，购买力也增强了，同时也意味着国家经济在向上发展。

⑥ PMI：采购经理指数，是通过对采购经理每个月的调查产生的，通常用荣枯线来体现。PMI 的值在荣枯线 50%以上，意味着制造业发展良好；PMI 的值在荣枯线 50%以下，意味着制造业发展不景气。该指标能够反映经济的变化趋势，是一套月度发布的、综合性的经济监测指标。PMI 分为制造业 PMI、服务业 PMI，也有一些国家建立了建筑业 PMI。PMI 被称为世界经济变化的"晴雨表"。

（3）政府政策。国家出台的某些政策和措施一般会对期货价格的涨跌有所影响，但是有时影响并不大，投资者不要一看到国家出台某些政策就以为期货价格会上涨或者下跌。我们要看这些政策和措施最终能否落地，以及落地的执行情况。如果只是口头说说，并没有给出具体的实施方案，那么其对期货市场的影响是非常有限的，期货价格上涨或者下跌的趋势也不会因此而改变。国家出台政策对某种商品进行价格调控，说明了此商品的供求关系不平衡。政策干预大多无法立即改变商品原有的价格变化趋势，一般只是起到了延缓上涨或者下跌的作用。笔者建议投资者不要把国家政策当作进场做多或者做空的依据，如果靠政策就可以盈利，那么人人都可以通过期货来获利了。商品期货的价格往往经过量变才会产生质变，而不是通过国家出台一两项政策就会发生改变的。

（4）政治因素。政治因素主要是指国际国内一些突发的政治事件及战争事件对期货走势的影响。期货市场对突发的政治事件及战争事件非常敏感，通常表现出价格的变化。比如，当国际局势紧张时，其对战略性物资及相关商品期货价格的影响就大。

（5）季节性因素。很多商品期货的走势都表现出季节性，尤其是农产品期货更加明显。商品期货价格会因为季节的变化而波动。比如，玉米、棉花、大豆、苹果、花生、红枣等商品。我们在进行品种交易的时候，如果能够深度地了解它们的生长周期，就会对期货交易有很大的帮助，尤其是中长线交易。

当我们知道它们在什么时候收获、在什么时候上市，以及天气对它们的生长有哪些影响时，就可以知道它们价格上涨或者下跌的原因了。比如，在某种农产品大批上市的时候，其价格就会下跌；如果某种农产品的主产区遭遇了洪涝灾害，就会直接导致此农产品的产量下降，从而导致其价格上涨。

比如，白糖期货的价格变化就表现出非常强的季节性。白糖作为调味剂，被广泛地应用于各种食品中，春节和中秋节是我国对白糖需求最旺盛的两个节日。尤其是春节，人们对糕点、糖果、饮料及各种含糖食品的需求急剧增加，因此一季度经常是白糖销售的旺季。

过完年由于消费者对含糖食品的需求减少，3 月白糖的价格一般以回调为主。4～5 月是蔗糖的集中收榨时间，新糖会集中上市，并且这段时间也是需求的淡季，白糖的价格一般很难有起色。6～8 月进入夏季，天气逐渐炎热，人们对各种饮料的需求有所增加，从 8 月开始白糖的价格一般会有所上涨。进入 9 月，尤其是 9 月末到 11 月，各种大的节日相继来临，生产商都会提前备货，从而拉动白糖价格的上涨。大家如果做白糖中长线趋势交易，可以参考图 2-5 所示的白糖期现货价格走势。

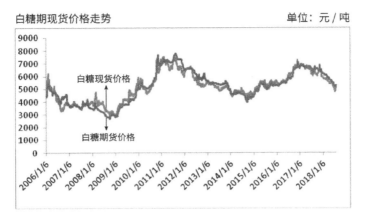

图 2-5　白糖期现货价格走势

商品期货，尤其是农产品期货，其价格变化的季节性非常强。我们在分析期货走势的时候，尤其是在打算做中长线趋势交易的时候，如果忽略了季节对价格的影响，就会对交易结果造成很大的影响。例如，鸡蛋一般在 8 月、9 月价格最高，因为这段时间天气炎热，鸡蛋产量最低，同时在中秋节和国庆节期间，月饼等各种糕点加工对鸡蛋的需求会大幅地增加。图 2-6 所示是鸡蛋在2012—2017 年的价格走势图，大家可以从中看出鸡蛋的价格在一年中不同月份的走势规律。

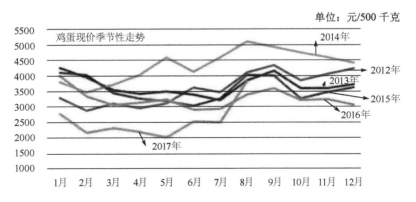

图 2-6　鸡蛋在 2012—2017 年的价格走势图

（6）心理因素。心理因素是指投资者对当前商品期货市场的信心。如果大家普遍看好某种商品，就会产生一个跟风效应，即使没有什么利好消息出来，投资者也会跟风购买，从而导致该商品的价格上涨。很多机构利用散户的跟风习惯，散布一些莫须有的利多或者利空消息，诱导散户进场，利用散户的大量进场抬高或者打压价格，从而实现自己出货的目的。

# 2.2　基本面信息的获取渠道

随着网络技术的高速发展，获取商品期货基本面信息的渠道越来越多，让我们足不出户就可以查询到各种商品期货基本面的各项数据指标。期货价格是由供求关系决定的，所以投资者在研究期货技术、分析行情走势的同时，也需要了解期货市场的基本面信息。基本面重要的利多或者利空信息，在很多时候都出现在行情的拐点，这并不意味着基本面信息使行情出现了拐点，而是商品的价格偏离了商品价值本身，需要回调。而关键拐点的基本面利多或者利空信息，只是给价格将要转势提供了一个理由而已。

图 2-7 所示是东方财富网的首页。东方财富网不仅提供股票的相关数据信息，还提供非常全面的期货类数据。在东方财富网的期货频道，我们可以查询到一些期货公司的分析报告。笔者在期货公司任职期间曾从事分析工作，这些期货公司的分析报告对我们的交易具有非常重要的参考价值，所以投资者平时应多多关注这些期货公司的分析报告。同时投资者在期货频道还可以查到各个品种在每家期货公司的多空持仓情况。

在进入期货频道后，投资者就可以在图 2-8 所示的东方财富网期货频道的期货品种列表中，看到目前四大交易所所有的期货品种。我们可以根据需要，查询相应品种的基本面信息。在财经类信息网站中，东方财富网在信息发布及商品期货的持仓等信息更新方面比较快，网络延时很短。基本上最新的商品期货新闻及价格、持仓的变化，都可以第一时间在该网站上查询到。

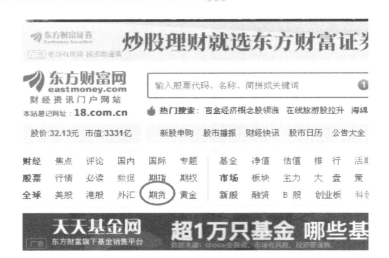

图 2-7　东方财富网的首页

图 2-8　东方财富网期货频道的期货品种列表

　　比如，我们想看一下沪铜最新的基本面信息，就可以单击沪铜进入图 2-9 所示的东方财富网沪铜板块。沪铜板块包括最新的铜资讯，如果你此时持有多单或者空单，就可以从这些最新的铜资讯中分析出哪些是利多的消息哪些是利空的消息，从而做出是继续持有还是减仓或者平仓的决定。当然，基本面信息只是我们分析行情未来走势的参考依据之一，在真正的交易中，我们一定要将技术分析和基本面分析结合起来。比如，用技术分析上涨行情遇到的重要压力位，用基本面分析同时出现的利空消息，这样配合着分析行情才能提高我们的分析成功率。

　　笔者在这里还要跟大家讲一下沪铜的库存数据。图 2-10 所示的沪铜板块的库存数据显示的是 20 个交易日沪铜库存数量的变化。大家注意这里是 20 个交易日，不是 20 个自然天。此库存数据呈现的是将近一个月铜的库存数量的变化情况。笔者之前讲到商品期货的价格与其供求关系有关，在供求关系中供给变量有 3 个，分别是前期库存量、当期生产量和当期进口量。前期库存量越大，意味着供给越多，供给越多，意味着价格不容易上涨。如果沪铜板块的库存数据显示库存数量越来越大，当前价格属于上涨行情，那么就会导致价格滞涨，价格滞涨到一定时间就有可能出现下跌，当然还要结合多种因素分析行情。

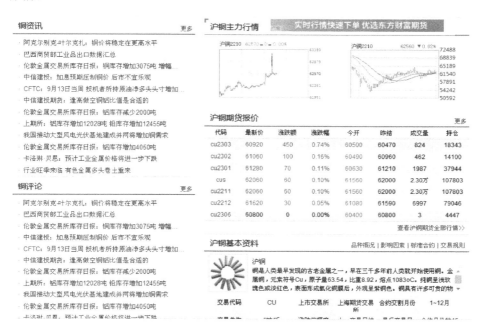

图 2-9　东方财富网沪铜板块

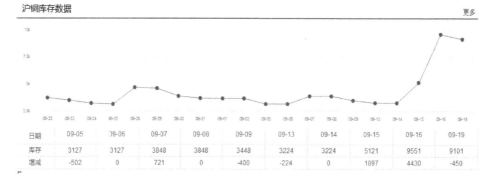

| 日期 | 09-05 | 09-06 | 09-07 | 09-08 | 09-09 | 09-13 | 09-14 | 09-15 | 09-16 | 09-19 |
|---|---|---|---|---|---|---|---|---|---|---|
| 库存 | 3127 | 3127 | 3848 | 3848 | 3448 | 3224 | 3224 | 5121 | 9551 | 9101 |
| 增减 | -502 | 0 | 721 | 0 | -400 | -224 | 0 | 1897 | 4430 | -450 |

图 2-10　沪铜板块的库存数据

我们在做基本面分析的时候一定不要只从一个财经网站获取资讯，最好关注两三个同类的网站，这样就会有信息互补的效果。一个网站的信息资讯可能并不全面，但是将两三个网站的信息资讯结合起来分析，就基本能做到90%的信息覆盖了。

再为大家推介一个做基本面分析值得关注的平台，那就是金十期货。它是一个期货快讯平台，"快讯"就意味着金十期货的优势是信息推送速度最快，这是同行业其他网站平台无法比拟的。同时，金十期货的历史数据查询功能也是一大亮点，所以投资者可以下载一个金十期货的 App 进行基本面分析。金十期货的 App 首页如图 2-11 所示。

**图 2-11　金十期货的 App 首页**

刚刚和大家讲到做基本面分析最好将几个网站或者平台的信息数据结合着分析。我们在东方财富网上看到沪铜近 20 个交易日的库存数据在逐步增加，投资者根据这个数据，在理论上就会认为库存数据增加，沪铜的供可能大于求，从而判断沪铜的行情可能要下跌。我们在金十期货的 App 上可以查询到从 2022 年 3 月到 2022 年 9 月将近半年的沪铜的库存情况，如图 2-12 所示。从中我们不难看出从 2022 年 3 月到 9 月沪铜的库存数据是持续减少的。所以，根据东方财富网和金十期货 App 上沪铜的库存数据进行分析，投资者可以判断，沪铜在 2022 年 3 月至 9 月的库存数量在持续减少，只是在 2022 年 9 月 5 日至 9 月 19 日有所增加。

在图 2-13 所示的沪铜在 2022 年 3 月至 2022 年 9 月的期货价格走势图中，我们发现了什么规律？2022 年 3 月至 2022 年 6 月沪铜的库存数量减少，沪铜期货的价格小幅上涨；2022 年 6 月至 2022 年 7 月沪铜的库存数量增加，沪铜期货的价格整体下跌；2022 年 7 月至 2022 年 9 月沪铜的库存数量又开始减少，沪铜期货的价格再次开始上涨。我们发现的规律就是沪铜的库存数量和沪铜期货的价格呈现负相关的关系，当然只能说在大多数时候其关系是负相关的。要想通过基本面分析预测行情未来的走势，只通过分析库存数量的变化是远远不够的，大家对基本面其他的数据也要进行深入的学习和研究。

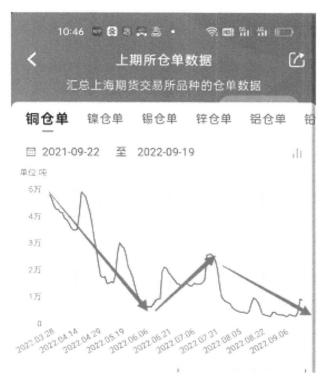

**图 2-12　金十期货 App 上从 2022 年 3 月至 2022 年 9 月沪铜的库存数据**

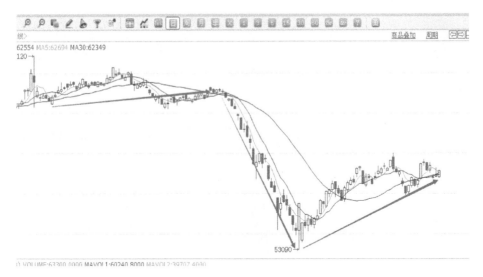

**图 2-13  沪铜在 2022 年 3 月至 2022 年 9 月的期货价格走势图**

# 2.3  美国经济数据对金融市场的影响

（1）美联储加息。美联储加息的主要目的是抑制通货膨胀。因为加息会提高企业的资金成本，资金成本提高了，企业的借贷就减少了，同时加息会促使企业还贷的意愿更加强烈。美联储加息的结果是货币的派生能力减弱，信贷的需求逐渐减少，那么市场上流通的货币也会同步减少，从而导致物价下跌，最终达到抑制通货膨胀的目的。

美联储加息对金融市场都有哪些影响呢？

首先是美元汇率的提升。美联储加息等于提高了美元的价值，上调美国的同业拆借利率，目的很明确，就是要减少货币的供应，抑制消费，通过上调利率鼓励存款，从而对抗通货膨胀。加息会导致市场上的美元供应量减少，货币量减少了，美元自然就升值了，这样投资者就会卖出手中持有的其他货币，买进美元，从而导致美元汇率提升。

其次是债券的收益率提高。美联储加息会降低已发行债券的票面利率，这就导致大量的债券投资者开始卖出债券，从而促使债券的价格下跌。债券的价格下跌，使得债券的收益率上涨，因为债券的价格和债券的收益率是负相关的。

再次是股票指数的下跌。大部分人说美联储加息对股票市场是利空的，为什么呢？美联储加息会促使美元升值，导致包括人民币在内的其他国家的货币出现相应的贬值，以及银行的利率上涨。银行利率的上涨会促使股票市场和债券市场对资产价值进行重估，从而导致股票指数下跌。

所以，历年的美联储加息都会导致全球股票市场出现或多或少的下跌。但是随着我国经济的发展，加息对我国股票市场的影响越来越小，而且每次加息对股票市场的影响时间也非常短。我国的经济越来越好，对于美联储加息带来的利空反应，我国股票市场将消化得越来越快。

最后是商品期货价格的下跌。美联储加息意味着贷款利率提高了，贷款的成本高了，市场上可流通的货币自然就少了，那么商品期货价格自然就下跌了。从历史数据来看，美元与大宗商品属于负相关的关系，一旦美元进入加息周期，以美元定价的大宗商品，如大豆、原油、铜、黄金等，就将面临价格下跌的压力。美元增值了，黄金、原油等大宗商品自然就贬值。

刚刚笔者给大家讲了美联储加息对金融市场的影响，美联储不会只加息，也会适当地降息，下面给大家讲一下美联储降息会给金融市场带来哪些影响。

美联储降息首先会使美元贬值，美元贬值，投资者对美元的投资积极性减弱，从而减少对美元的投资，这对美元来说是利空的。

美元贬值了，投资者就会减少对美元的投资，从而加大对具有保值功能的黄金的投资。所以美联储降息对黄金来说是利多的。

其次，美联储降息会让很多美元投资者除了投资黄金，还会投资股票市场，因此美联储降息对股票市场也是利多的。

最后说一下美联储降息对商品期货市场的影响。前面提到美联储降息首先会使美元贬值，美元贬值了，就意味着商品期货的价格上涨了，以前 1 美元可以买 1 公斤大豆，现在要 1.2 美元才可以买 1 公斤大豆。从美元的角度看是贬值了，但是从商品期货的角度看是价格上涨了，所以美联储降息对商品期货来说是利多的，尤其是以美元定价的商品表现得更加明显。

（2）非农数据。非农数据每个月公布一次，一般在每个月的第一个星期五公布。非农数据反映的是美国除了在地里耕种的农民，工薪阶层和从事各种商业活动的自然人的就业情况。

非农数据反映出制造行业和服务行业的发展及其增长，数据减少代表企业减少了生产，经济步入萧条阶段。当社会经济发展较快时，消费额自然随之增加，消费性和服务性行业的职位就会增多。当非农数据大幅增加时，表明经济状况健康，理论上对汇率应当有利，所以利好货币。利好货币，就是对黄金利空，并可能预示着会有更高的利率，而潜在的高利率促使外汇市场推动该国货币升值，反之亦然。因此，非农数据是观察社会经济和金融发展状况的一项重要指标。当非农数据的实际值大于预期值时，利好美元，利空黄金；当非农数据的实际值小于预期值时，利好黄金，利空美元。

想做好期货交易，仅凭基本面分析是不够的。投资者在做中长线趋势交易时，一定要将基本面和技术面结合起来分析行情。因为基本面的缺点就是滞后。比如，当我们看到某条利多新闻时，可能投资机构和投资者都提前进场做多了；当我们进场做多时，可能行情已经到了阶段性的顶部。跟着新闻消息面来交易，可能会赚点小钱，但是风险经常大于盈利，一定要记着轻仓，还要将基本面和技术面结合起来分析行情，这样才能把交易做好。

# 第3章

## 快速找出当天日内机会品种

　　笔者在私募投资公司从事期货交易工作时，大部分时间都在做日内短线交易，但是大家别误会，不要以为笔者只做日内短线交易，从来不做中长线交易。日内短线交易只是进场的切入点，如果行情允许，可以把日内单子适当延长到几天，甚至几个月。就像笔者本人及学员多次参加国内期货实盘大赛一样，如果单纯地只做日内短线交易，是很难让自己的资金大幅增长的，更别说在比赛中取得好成绩了。同时，选择日内短线交易作为进场的切入点，能很好地规避交易风险，进场周期短了，自然每次进场的止损就少很多，但是盈利的空间和中长线交易一样，可以无限地放大。所以，找出当天的日内机会品种是我们首先要学习的技能之一，也是我们盈利的开始。

　　笔者从以下四个方面来阐述如何快速找出当天的日内机会品种，其中前两个方面是当天日内机会品种的明显特征，后两个方面是找出当天日内机会品种的具体方法。

## 3.1　日内波动率高，走势活跃

　　对于当天容易出现上涨或者下跌的品种，首先它的日内波动率要高，其次走势一定要活跃。日内波动率越高的品种越适合做日内短线交易，如铜、镍、螺纹（钢）、铁矿石、热卷（板）、甲醇等。这类品种的特点是当天的最高点和最低点之间相差很大，少则几十个价位，多则几百个价位。

图 3-1 所示为沪镍 2202 合约的分时走势图。我们可以看到当天的最高点是 149080，最低点是 146280，最高点和最低点之间相差了 2800 点。当天买进一手沪镍的保证金大概是 1 万元（每个期货公司的开户保证金略有差异），我们用 1 万元的本金就有可能在一个交易日内赚到 2800 元，当然这只是理论上的可能。根据日内波动率我们完全可以判断沪镍属于日内短线交易品种。

**图 3-1　沪镍 2202 合约的分时走势图**

图 3-2 所示为螺纹 2205 合约的分时走势图，当天的最高点是 4488，最低点是 4403。大家可以算一下，最高点和最低点之间的差是 85 点，螺纹的一个点是 10 元钱，85 点就是 850 元。也就是说，如果买进一手螺纹，一天最多可能盈利 850 元，当然这是理论上最大的盈利。目前买进一手螺纹的保证金为 3500 元左右，买进一手就可能赚到 850 元，收益率为 25%左右。螺纹拥有这么高的收益率，完全可以成为日内短线交易品种。

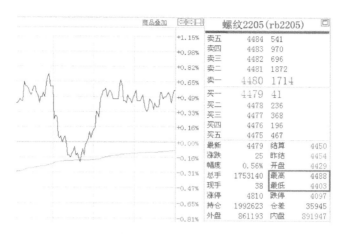

图 3-2　螺纹 2205 合约的分时走势图

　　图 3-3 所示为玉米 2205 合约的分时走势图，玉米当天的最高点为 2709，最低点为 2682，只相差 27 点。玉米在所有的期货品种中算是波动率非常低的品种了，价格每波动一个点位只有 10 元的涨跌。相对于价格每波动一个点位就上涨或下跌 50 元的橡胶或者铁矿石来说，玉米期货潜在的获利机会是非常少的。现在买进一手玉米的保证金大概是 2000 元，这就导致在玉米期货交易中无论是买方还是卖方，都持有数量非常巨大的仓位。此时，有人想炒作玉米期货，无论是想让玉米期货的价格上涨，还是想让玉米期货的价格下跌，都需要足够的资金来吃掉对手盘，但是拥有这么大量的资金又何必在玉米上做文章呢？所以如果投资者打算做日内短线交易，最好不要投资玉米期货。

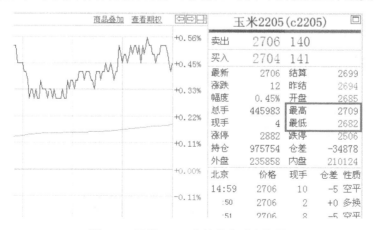

图 3-3　玉米 2205 合约的分时走势图

在期货品种的行情走势中，波动率高是因为其价格变化比较快，这样的品种比较适合进行日内短线交易。比如，比较活跃的"黑色系"（铁矿石、焦煤、焦炭等），还有化工类品种，这些品种的日内走势都比较流畅，而且走势的持续性较强，那么进行日内短线交易时获利的机会就比较大。我们可以将这些品种当作日内短线交易品种重点关注。

# 3.2　K 线饱满，走势流畅

在 3.1 节笔者给大家讲解了日内机会品种的第一个特征：日内波动率高，走势活跃，接下来笔者要讲的是日内机会品种的第二个特征：K 线饱满流畅。有很多投资者问笔者："在做期货日内短线交易时，应选择什么周期来进行交易？是 30 分钟、15 分钟、5 分钟，还是 1 分钟？"这就需要我们留意哪个周期的期货形态饱满且走势流畅了。进行期货技术分析可以通过 K 线的形态及组合来寻找买卖点，如果某个品种在短周期内的 K 线上蹿下跳，行情频繁地出现缺口，走势也非常地不流畅，并且 K 线带有太多的上下影线，很难看出K 线的形态及明显特征，那么这个品种肯定不适合做日内短线交易。

其实我们要求品种的 K 线饱满、走势流畅，就是为了能够通过 K 线的形态及组合来判断行情的进场信号和出场信号。例如，在图 3-4 所示的螺纹 2301合约的 5 分钟 K 线走势图中，K 线的饱满程度就非常适合以 5 分钟为周期进场做日内短线交易。适合做日内短线交易的品种，其 K 线的形态要饱满，K 线之间衔接得要好，走势流畅，行情变化所产生的顶和底要清晰，利于分辨，而且 K 线之间不要频繁地出现阳包阴或者阴包阳的组合，K 线不要有太多的上下影线。即使有影线，其长度也一般不要大于 K 线实体的长度。每根 K 线的形态要利于分辨，错落有致，走势也相对平滑、圆润、流畅，一般一天有一两次明显的日内上涨或者下跌的趋势，有利于我们运用 K 线技术来寻找买卖点。

在图 3-5 所示的豆粕 2205 合约的 5 分钟 K 线走势图中，我们不难发现其中的每条 K 线都相对比较完整，笔者所说的"完整"指的是大部分 K 线实体的长度都大于上下影线的长度。这样我们就可以根据 K 线实体之间的形态及组合，来判断其所表达的含义。

图 3-4　螺纹 2301 合约的 5 分钟 K 线走势图

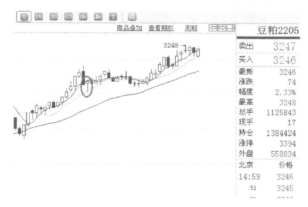

图 3-5　豆粕 2205 合约的 5 分钟 K 线走势图

在图 3-5 中，用圆圈圈出的是一个典型的止跌 K 线——"锤头线"，锤头线的实体越小，下影线越长，止跌的可能性就越大。如果价格经过长时间的下跌，底部出现"锤头线"，那么见底信号就更加可信了。锤头线分为阳锤头线与阴锤头线。很多书上说阳锤头线和阴锤头线的含义是一样的，但是笔者认为阳锤头线的止跌力度要明显大于阴锤头线。在回调行情中出现"锤头线"，意味着价格在回调到位后可能会再次上涨。

在图 3-6 所示的焦炭 2205 合约的 5 分钟 K 线走势图中，我们不难看出 K 线实体的长度大于其上下影线的长度。面对这样形态分明的 K 线，我们可以分析其所表达的含义。图 3-6 中的圆圈处是一个典型的滞涨见顶信号——"射击之星"。"射击之星"其实就是锤头线的翻版，和锤头线不同的是，"射击之星"由原来的下影线换成了上影线，由原来出现在底部换成出现在顶部。"射击之星"也有"阴射击之星"和"阳射击之星"之分。"射击之星"和锤头线一样，都表现出实体比较短，影线较长，一般影线是实体的两倍以上。我们在做期货短线交易的时候，一定要找 K 线形态饱满的品种来做。

**图 3-6　焦炭 2205 合约的 5 分钟 K 线走势图**

图 3-7 所示为线材 2202 合约的 5 分钟 K 线走势图，线材这个品种就没法做短线交易了，尤其是日内短线交易。因为图 3-7 中的 K 线形态不饱满，而且行情波荡起伏，没有连贯性。如果某一期货品种的走势杂乱无章，非常地不流畅，K 线也不够饱满，那么肯定没有主力资金关注这个品种，里面基本都是一些散户的资金。由于资金量小，这个品种的行情很难走出趋势行情，整体走势也非常难看。这类品种适合做大周期的中长线交易。

而受主力资金关注的期货品种的 K 线往往都非常地饱满，走势也相对比较流畅，整体上让人看着舒服，这类期货品种往往在趋势上比较明显，走势也比较稳定，在走出趋势行情后一般都会持续一段时间。所以 K 线饱满、走势流畅的期货品种适合做日内短线交易。

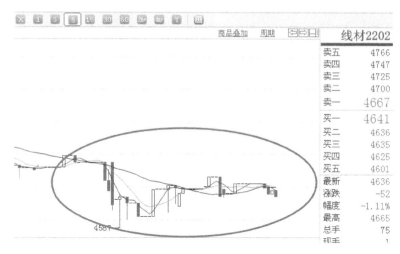

图 3-7  线材 2202 合约的 5 分钟 K 线走势图

# 3.3  同类联动找机会

在期货市场里，有些品种之间有一定的关联性。一般有关联性的品种基本上都属于同一产业链或者是由相同的期货品种衍生出来的，在生产和消费上具有趋同性。比如，两个品种之间具有上下游的关系，或者原料与成本的关系，所以它们之间具有关联性，那么它们的走势就会经常呈正相关性。所谓"正相关"，是指上涨会同步上涨，下跌则同步下跌。

关联性比较强的品种之间具有走势的联动性。如果关联性比较强的品种在同一天都上涨，那么同类品种当天同步上涨的概率就非常大。如果我们选择此类同步上涨的品种做多，那么收获上涨趋势的机会就大。如果关联性比较强的品种在同一天都下跌，那么同类品种当天同步下跌的概率就非常大。如果我们此时选择此类同步下跌的品种做空，那么收获下跌趋势的机会就大。

为什么有些品种的走势之间会出现联动现象？首先，品种之间存在可以相互替代的关系。比如，玉米和大豆都是农产品，而且都是饲料的主要原料，所以它们价格的上涨与下跌就具有联动性，再如，在图 3-8 所示的菜油、豆油、棕榈油在食用油中的占比中，我们可以看出菜油、豆油、棕榈油是可以互相替代的。豆油贵了，我们可以用菜油和棕榈油；菜油贵了，我们可以用豆油和棕榈油。

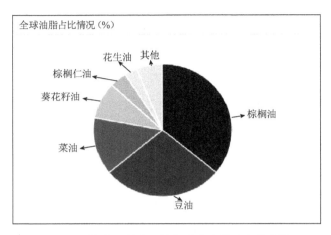

图 3-8　菜油、豆油、棕榈油在食用油中的占比

　　其次是由于产业链之间产生联动性。比如，原油和 PP（高聚物聚丙烯）、沥青、PVC（聚氯乙烯）、TA（精对苯二甲酸）之间具有联动性。这是因为原油是很多能源化工产品的原材料，同时原油也被称为"商品期货之母"，现在几乎所有的国内商品期货都会受到原油走势的影响。当然这些影响有大有小，能源化工类的商品期货受到的影响就相对大一些，尤其是 PP、沥青、PVC、PTA 等。原油是这些商品基本的原材料，原材料的价格上涨，必定会导致下游相关商品的价格上涨。原油、PP、沥青、PVC、PTA 的价格同步上涨，此时如果我们进场做多，那么盈利的机会就很大。此外，农产品等受到的影响就相对小一些。

　　螺纹、热卷、焦煤、焦炭、铁矿石被称为"黑色系"或者"黑五类"。线材和它们的关联性比较强，只是走势不太活跃，所以很少受到关注。这些品种之间的关联性非常强，它们在产业链上呈现出上下游之间的关系。螺纹、热卷、线材都属于钢材的成品，从原来的铁矿石到成品，需要焦炭来冶炼，而焦炭的原材料是焦煤，所以它们之间无论哪个环节的费用增加，都会导致其下游商品的成本增加，价格也会随着上游原材料的成本增加而上涨。同理，如果螺纹、热卷、焦煤、焦炭、铁矿石的价格同步上涨，我们做多其中一种，那么获利的机会就很大。

美豆、大豆、豆油、豆粕、菜粕这些豆类期货品种的关联性也非常强。美豆在全球大豆中具有定价权，而且美国是全球最大的大豆生产国，我国每年都需要进口大豆，这就导致了我国的大豆价格受美豆价格的影响很大。

图 3-9 所示为螺纹 2205 合约、热卷 2205 合约、铁矿石 2205 合约的 60 分钟 K 线走势图。螺纹、热卷、铁矿石是"黑色系"品种中最具代表性的 3 个品种，它们在产业链上呈现出上下游之间的关系，所以笔者在交易中经常把它们 3 个放到一个界面中进行分析。从图 3-9 中我们不难发现，当螺纹 2205 合约的价格上涨时，热卷 2205 合约和铁矿石 2205 合约的价格也会同步上涨。热卷俗称"小螺纹"，从这个俗称我们就知道它们之间关联的紧密性。如果我们发现螺纹 2205 合约、热卷 2205 合约、铁矿石 2205 合约的价格同步上涨，那么此时我们进场做多的成功率就会高；反之，如果我们发现它们的价格同步下跌，那么我们进场做空的成功率就会高。

**图 3-9　螺纹 2205 合约、热卷 2205 合约、铁矿石 2205 合约的 60 分钟 K 线走势图**

图 3-10 所示为甲醇 2205 合约、乙二醇 2205 合约、PP2205 合约的 60 分钟 K 线走势图。甲醇、乙二醇、PP 同属于化工类产品，如果我们要投资乙二醇，一定要了解其他同类品种目前的走势情况。尤其是甲醇的走势，因为乙二醇的主要生产原料就是甲醇，它们在产业链上呈现出上下游之间的关系。当甲醇 2205 合约的价格上涨时，乙二醇 2205 合约的价格也会同步上涨。如果其他同类品种的价格同步上涨，那么此时做多乙二醇 2205 合约的胜算就比较大。

**图 3-10　甲醇 2205 合约、乙二醇 2205 合约、PP2205 合约的 60 分钟 K 线走势图**

　　笔者在投资硅铁和锰硅中任何一个品种的时候，都会用另外一个品种的走势作为参照物。在图 3-11 所示的硅铁 2305 合约、锰硅 2305 合约的日 K 线走势图中，我们可以看到硅铁 2305 合约和锰硅 2305 合约的走势都出现了触底反弹的行情，在这种情况下，我们进场做多的胜算就大。反之，如果一个品种的价格上涨了，另外一个品种的价格还在下跌，在这种情况下，不要盲目地去做多。而且我们一定要把几个有关联的品种放到一个界面上去分析。为什么这些品种之间有关联？哪些品种之间有关联？要解决这些问题，就需要大家对商品期货进行深入的研究了。比如，笔者之所以会把硅铁和锰硅放到一起进行分析，是因为硅铁和锰硅都可以作为脱氧剂，它们可以互相替代。硅铁和锰硅最大的不同之处就是硅铁只能作为脱氧剂来使用，锰硅同时具有脱氧、脱硫的功能，而且锰硅还可以用于钢液的净化。投资期货不是一件容易的事情，要想做好它，一定要在基本面分析和技术面分析上下功夫。

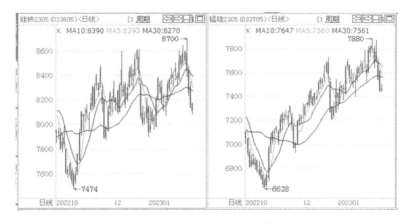

**图 3-11　硅铁 2305 合约、锰硅 2305 合约的日 K 线走势图**

# 3.4　在分时图中找机会

我们在进行期货交易的时候，除了要看 K 线走势图，也要经常看一下分时图中的走势，因为和 K 线相比较，我们在分时图中看到的行情走势更直观、简洁。很多读者此时会问："那只看分时图来进行交易不就可以了吗？"

分时图和 K 线走势图的主要不同点在于参考价值、绘制方式、运用方式的不同。分时图中的价格线，其实就是某一期货品种每分钟收盘价的连线。根据价格每分钟的走势绘制而成的分时图，通常只体现某一期货品种当天的走势情况。而 K 线走势图包括开盘价、最高价、最低价和收盘价四个数据，它可以反映某一期货品种整体的走势情况，而不是局限于某一天的走势。

在图 3-12 所示的分时图中，价格线代表着价格每分钟走势的变化，均价线具有指引趋势方向的作用。如果价格线处在均价线上方，这时的行情属于多头行情，意味着在短期内行情的走势比较强劲，我们应以做多为主。如果价格线处在均价线下方，那么这时的行情就属于空头行情，意味着行情较弱，我们应以做空为主。当然，期货技术只是相对的，不是绝对的。如果想做好期货交易，一定要将多种技术结合在一起去分析行情，而不是根据单一的指标或者技术来进行分析。

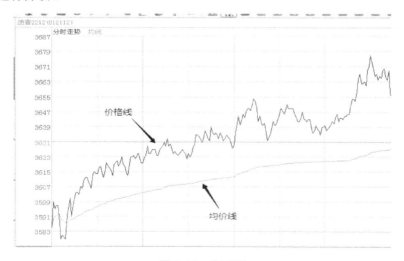

图 3-12　分时图

在图 3-13 所示的锰硅 2203 合约的分时图中，我们可以看到两条线，上面那条线就是价格线，下面那条比较平滑的就是均价线。价格线基本处在均价线的上方，并且均价线的方向倾斜向上，价格线顺着均价线的方向运行，这种行情是明显的上涨行情，此时我们进场做多的胜算很大。

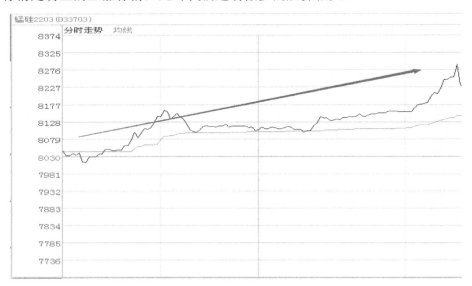

**图 3-13　锰硅 2203 合约的分时图**

在图 3-14 所示的白糖 2205 合约的分时图中，我们发现均价线的方向向上，并且价格线处在均价线的上方，此时我们的交易思路就是逢低做多，绝不能盲目地做空。我们在进行日内短线交易的时候只要遵循一个交易原则，就基本不会出现大的亏损。这个交易原则就是当价格线跌到均价线附近并受到支撑时，我们就可以做多。当然还要结合其他技术进行分析，这样会让我们的胜算加大。利用分时图来分析行情主要适用于日内短线交易，如果你打算做中长线交易，笔者建议你使用 K 线图来分析行情。

分时图主要用于日内短线交易，昨天的分时图基本对今天的行情分析没有什么用。而 K 线图既可以用于日内短线交易、波段交易，又可以用于中长线交易。和 K 线相比，运用分时图进行行情分析的参考价值要低一点，而且分时图很难和其他技术指标配合使用。

**图 3-14　白糖 2205 合约的分时图**

图 3-15 所示为苹果 2205 合约的分时图。这是苹果 2205 合约一天的分时走势，如果上午我们发现均价线以一个角度向下运行，价格线一直处在均价线的下方，那么当天的交易思路就是只要价格线靠近均价线并受到均价线阻挡，就做空，这样做你今天大概率有所斩获。当价格线每次涨到均价线附近但不破均价线时，都是一次进场做空的机会。如果当天所有的期货品种都较弱，那么胜算就更大。

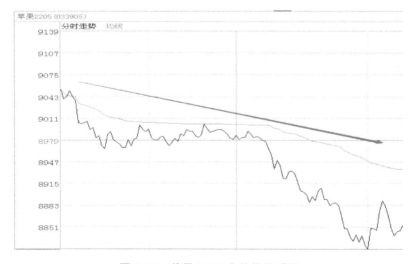

**图 3-15　苹果 2205 合约的分时图**

　　以上笔者从四个方面向大家讲解了快速找出当天日内机会品种的方法，这四个方面分别是行情波动特征、K 线形态、品种之间的关联性和分时图。只通过以上四个方面还远远不够，我们在技术上一定要寻求多样化，要将多种技术指标配合着使用，就像做菜一样，当然是调料越丰富，做出来的菜品口味越佳。

# 第 4 章

# 趋势行情三阶段的特征

在学习本章的内容之前，我们要学习"波浪理论"，因为本章和接下来的章节都会涉及"波浪理论"。笔者在2018年出版的《期货日内短线复利密码》一书中也提到了"波浪理论"，在这里再简单地向大家讲解一下。什么是波浪理论？美国证券投资大师拉尔夫·纳尔逊·艾略特（以下称艾略特）在长期的投资过程中，将道琼斯工业指数作为研究对象，发现不断变化的行情走势看似杂乱无章，其实具有一定的规律性。

艾略特根据这一发现提出了一个可行的行情规律，并且把这个规律用于期货、股票、外汇等衍生品的交易中。他指出："在衍生品市场上经常重复出现一些特定的波动形态，但是出现的时间、间隔及幅度大小并不一定具有再现性，也就是行情不是百分之百地复制的"。他还特别强调这种波动形态的原理具有预测行情未来走势的价值，这就是久负盛名的波浪理论。在交易圈里有这么一句话："道氏理论告诉投资者行情走势像大海的波浪，而波浪理论告诉投资者如何在大海上冲浪。"

波浪理论是进行股票技术分析的一种理论，在期货市场上同样适用。波浪理论经过这么多年无数个国内外投资者的验证，已经成为目前最为经典的股票期货实战交易理论之一。艾略特认为衍生品市场上的行情走势有一定的规律性，它或多或少地在重复着一种行情模式，每次上涨及下跌的周期都是由3

个上升浪和 2 个调整浪或者 3 个下降浪和 2 个调整浪组成的。这个理论的前提是：价格在随主趋势运行时，一般会形成 3 波上涨行情，在回调运行时，一般会通过两波下跌调整。这句话怎么理解呢？说得直白一点，就是如果价格顺大势上涨，一般会有 3 波的上涨行情，在 3 波上涨行情之后，一般会有两波下跌行情。

但是，期货技术不是绝对的，不是所有的行情都会走出 5 浪，也可能走出 7 浪，如果是单边行情，走出 9 浪甚至 11 浪都有可能。同时，行情也可能走不出 5 浪的上涨，就好比笔者在"海陆空和谐交易法"里面讲的 AB=CD 理论。因为艾略特的波浪理论是将美国股票或者期货作为研究对象而产生的衍生品交易理论。而在我国，无论是股票还是期货的交易时间及规则，甚至基本面，都与美国有很多不同，所以虽然国外的技术可以用，但是要根据国内的市场特征进行优化和改良。如果直接生搬硬套，肯定达不到预期的效果，还可能造成不必要的亏损。

现在市面上有很多关于"波浪理论"的中文译本，笔者也看过几种不同的译本，其基本上阐述的内容大同小异。在图 4-1 所示的波浪理论的原理示意图中，从起点涨到 1 的空间经常和从 2 涨到 3 及从 4 涨到 5 的空间一样大。但是一定要记住一点：无论是在股票市场上，还是在期货市场上，无论是多头行情，还是空头行情，第 3 浪，也就是从 2 到 3 这一波行情，经常是上升幅度最大，或者下降幅度最大的行情。即使这一波行情不是上升或下降的幅度最大的行情，也不可能是上升或下降的幅度最小的行情。

在图 4-1 中，左边是上涨趋势，右边是下跌趋势。在左边行情从起点上涨到 5 这个最高点的过程中，先后有 3 次上涨行情和 2 次调整行情。其中，第 1、3、5 浪是上涨行情，第 2、4 浪是调整行情，加起来就是艾略特所说的 5 浪了。在右边行情从起点下跌到 5 这个最低点的过程中，先后有 3 次下跌行情和 2 次调整行情。其中，第 1、3、5 浪是下跌行情，第 2、4 浪是调整行情。基本上 3 次上涨的幅度和 3 次下跌的幅度差不多，本章要讲的就是第 1 浪的上涨或者下跌的特征。

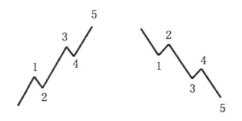

图 4-1  波浪理论的原理示意图

在图 4-2 所示的沪锌 2303 合约的 5 分钟 K 线走势图中，价格在经过一轮上涨后筑顶，然后开始下跌，此次下跌经过了波浪理论的 3 次下跌和 2 次调整。一般笔者遇到这种 3 次下跌的行情，基本不会盲目地做空，而是先看行情是否能够企稳，然后看行情是否会出现做多的机会。一般行情在经过这样的 5 浪下跌之后，都会休息一下，或者继续下跌，或者先筑底然后开始反弹，甚至出现反转行情。

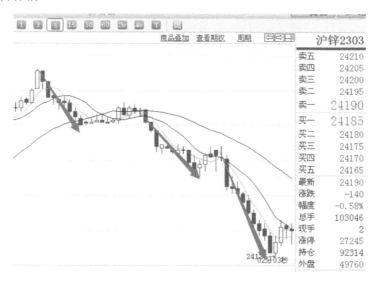

图 4-2  沪锌 2303 合约的 5 分钟 K 线走势图

在图 4-3 所示的玉米淀粉 2203 合约的 5 分钟 K 线走势图中，行情从阶段性的高点开始下跌，跌到最低点 3128，中途经历了 3 次下跌，也就是笔者刚刚讲过的波浪理论的 5 浪下跌。我们可以发现，这 3 次下跌的空间基本是差不多大的，这也是波浪理论最明显的特征之一。我们在实际交易中可以根据这个特征来对各种行情进行分析，将其作为止盈、行情止跌或者滞涨的信号。

图 4-3　玉米淀粉 2203 合约的 5 分钟 K 线走势图

如果行情在 5 浪下跌后出现了筑底的现象，并且出现了量能的放大，那么行情就有可能见底，同时 KDJ 指标会出现超卖信号。KDJ 值在 20 以下就是超卖区，即 80% 以上的人在卖出；KDJ 值在 80 以上就是超买区，即 80% 的人在买入。当然，任何技术指标都是相对的，不是绝对的。我们在分析行情时不能只用单一的技术指标来进行分析。

在图 4-4 所示的二年国债 2203 合约的 5 分钟 K 线走势图中，行情在上涨至阶段性的高点（101.495）后开始下跌，经过了 5 浪下跌，最后跌至 101.295。在止跌的同时，我们发现它的 KDJ 值在 20 以下，也就意味着此时是超卖区。此外，我们还可以看到，行情在 5 浪下跌后出现了筑底现象和放量的现象，这就是典型的筑底信号，后市行情有可能先筑底止跌，然后开始上涨。

图 4-4　二年国债 2203 合约的 5 分钟 K 线走势图

　　行情无论是上涨还是下跌，其走势都或多或少地有一定的规律可循。知道行情在各个阶段遵循的规律，对我们分析行情会有很大的帮助。

# 4.1　行情初期特征之行情的位置

　　在图 4-5 所示的螺纹 2210 合约的日 K 线走势图中，用圆圈圈住的地方就是行情的初期，行情刚刚启动，基本上是波浪理论中的第 1 浪，也就是行情经过了一轮下跌，最低跌至 3680，而后止跌并开始上涨。在行情上涨或者下跌的初期，通常上涨或者下跌的幅度都比较小，这也是波浪理论中的第 1 浪通常都比较短的原因。深层次的原因是，在行情启动初期，无论是多头资金还是空头资金，都在试探性地进场，成交量在温和地放大，一般在上涨行情初期放巨量的情况相对比较少。下跌行情初期的情况正好和上涨行情初期相反，通常是下跌幅度大，而且成交量巨大，所以下跌行情初期要比上涨行情初期更好识别。

图 4-5　螺纹 2210 合约的日 K 线走势图

在图 4-6 所示的黄豆二号 2205 合约的 5 分钟 K 线走势图中，行情在经过横盘整理之后，出现了第一波上涨行情，也就是圆圈处的行情。一般在第一波上涨行情出现之前，会有一个横盘整理或者筑底的过程。行情在上涨启动前经常有一个假跌的动作，这个动作一般都是主力机构洗盘的动作，用来踢走多余的散户。此时行情的特点就是先出现一个阶段性的低点，然后开始上涨，一般行情上涨初期的动能来源于机构资金。

图 4-6　黄豆二号 2205 合约的 5 分钟 K 线走势图

在图 4-7 所示的玉米 2205 合约的 60 分钟 K 线走势图中，大家不难发现
笔者刚刚讲过的行情在启动前经常会有一个假跌的动作。玉米 2205 合约的行
情启动也不例外，在假跌后行情才开始启动，也就是笔者之前讲的波浪理论的
第 1 浪。第 1 浪的走势尽量要完整，不要波动太剧烈，而且行情在第一波上涨
后的回调，一定不能回到前期横盘整理价格区间或者前期高点的下方。如果行
情回调到前期横盘整理价格区间或者前期高点的下方，那么此次的行情启动
就有可能失败。

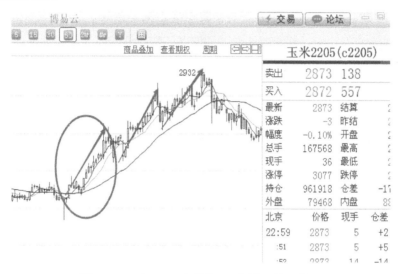

图 4-7　玉米 2205 合约的 60 分钟 K 线走势图

# 4.2　行情初期特征之 K 线形态

行情启动一般是指行情在经过长期的横盘整理或者筑底之后，出现多头
或者空头集结，开始新一轮的上涨或者下跌。行情启动前的 K 线走势经常出
现非常有规律的形态，比较经典的有"头肩底（顶）"形态、"双底（顶）"形
态、"三重底（顶）"形态、"圆弧底（顶）"形态。当我们发现 K 线走势在筑
底、筑顶或者横盘整理的过程中出现了以上几种形态，就要留意了，可能行情
要重新启动，开始新一轮的上涨或者下跌。

在图 4-8 所示的 PTA2205 合约的日 K 线走势图中，我们可以很清楚地看到，行情在上涨前出现了一个筑底的过程。行情在筑底的过程中出现一个非常典型的底部反转 K 线形态——"双底"形态，也就是我们俗称的"W 底"形态。

行情出现"双底"形态的前提是价格经过了一轮下跌，在阶段性的底部出现了两个价格，这两个价格处在同一个价格区间。"双底"形态的形成原理是价格在经过一轮下跌后见底，然后反弹，在反弹无力后再次下跌，并且在前期的低点附近受到支撑形成了一个新的低点，然后再次上涨，这样就形成了"双底"形态。这里一定要注意，两个低点不一定处在一个价位，只要相对接近即可。图 4-8 中的两个低点就不在同一个价位，只要两个低点在同一个价格区间即可。

"双底"形态是一个非常典型的行情启动前的形态。如果我们在实际交易中发现行情在阶段性底部出现了"双底"形态，那么就要留意了，行情有可能开始新一轮的上涨。当价格突破了这个"双底"形态的颈线时，就是做多的信号。

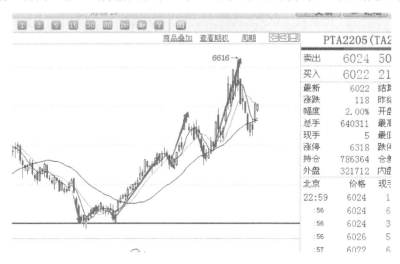

**图 4-8　PTA2205 合约的日 K 线走势图**

刚刚笔者提到了"双底"形态的颈线，那么"双底"形态的颈线怎么确定呢？在图 4-9 所示的"双底"形态示意图中，"双底"形态中两个低点上方的高点处的水平线就是"颈线"。"双底"形态的颈线是一条水平线，因为它只有一个点，我们只能画水平线。当价格上涨突破颈线时，就是做多的信号，这是比较传统的通过观察颈线进场的方法，但是在实际交易中，价格突破颈线的进场点位并不理想。因为当价格突破颈线的时候，上涨行情已经走了一段时间，在突破颈线后会有回调的需求。当然对于初学者，通过观察颈线进场还是可以作为参考的。当你的技术达到一定水平的时候，就能够体会到通过观察颈线进场的不足了，从而优化进场点位，尽量做到提前进场。

图 4-9　"双底"形态示意图

"双底"形态出现的条件是价格先经过了一轮下跌，然后出现了两个低点。在行情的其他位置出现"双底"形态我们一定要谨慎操作，以免造成不必要的损失。这是行情启动前的经典形态——"双底"形态，和它相对的就是"双顶"形态，"双顶"形态的操作方式正好和"双底"形态相反，这里就不再赘述了。

在图 4-10 所示的十年国债 2206 合约的 60 分钟 K 线走势图中，行情在下跌之初出现了一个典型的顶部 K 线形态——"头肩顶"形态（圆圈处）。"头肩顶"形态也是行情启动前典型的 K 线形态。它和"双底"形态、"双顶"形态在作用上差不多，都是见顶或者见底的行情反转形态。

在图 4-10 中，价格在经过一轮上涨之后，出现了一个阶段性的高点，而后出现了回落，然后再次上涨突破了前期的高点，最高上涨到 101.260。之后价格再次出现回落，在跌破前期的次高点后，再次上涨到前期的次高点附近，受到阻挡，此时三个高点就形成了顶部的"头肩顶"形态。一般顶部出现了"头肩顶"形态，只要价格能跌破"头肩顶"形态的颈线，就大概率会下跌。也就是说，顶部出现"头肩顶"形态是下跌行情启动的重要标志之一。

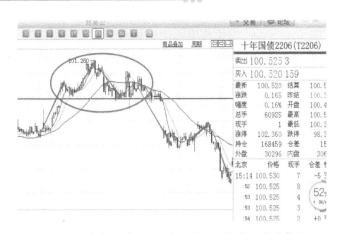

**图 4-10　十年国债 2206 合约的 60 分钟 K 线走势图**

在图 4-11 所示的黄金 2212 合约的 60 分钟 K 线走势图中，价格突破"头肩底"形态的颈线就是行情的启动点。底部出现"头肩底"形态是行情启动初期非常重要的特征之一。在图 4-11 中，价格经过持续的下跌，出现了阶段性的低点，当价格无法下跌时开始反弹，在反弹到一定的高点后再次下跌，跌破前期的低点，在出现了新低（385.00）后重新反弹，在反弹到前期的次高点上方后回调，然后以前期的次低点为支撑上涨。只要价格能突破"头肩底"形态的颈线，这波上涨行情就启动了。由于"头肩底"形态或者"头肩顶"形态的颈线是由形态中两个相对的高点或者低点决定的，所以"头肩底"形态或者"头肩顶"形态的颈线可能是水平的，但是大多数都是倾斜的。

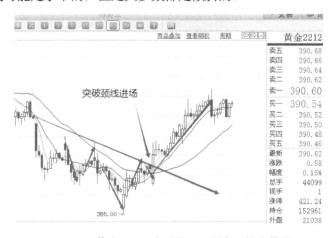

**图 4-11　黄金 2212 合约的 60 分钟 K 线走势图**

"头肩顶"形态大致由"左肩""头部""右肩"3 个涨跌结构组成，如图 4-12 所示。其中，中间的最高点就是我们俗称的"头部"，也就是图 4-12 中 C 点的位置。另外，"头部"左右两个相对较低的高点称为"左肩"和"右肩"，也就是图 4-12 中的 A 点和 E 点。

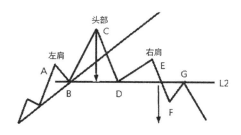

图 4-12 "头肩顶"形态

"头肩顶"形态一般有以下特征。

（1）左肩与右肩的高点基本处在同一个价格区间内，这里所说的"处在同一个价格区间内"就是指它们的点位差不多，有时右肩的高度会比左肩相对低一点，颈线就会相应地向下倾斜一点，在这种形态下价格下跌的概率会更高一点。

（2）"头肩顶"形态的成交量一般是左肩最大，头部次之，右肩的成交量在 3 个高点中最小。

（3）价格在跌破"头肩顶"形态的颈线后可能会有一个反弹，但是一般不会反弹到"头肩顶"形态颈线的上方。在图 4-12 中，这个"头肩顶"形态的颈线是两个相对低点的连线，也就是 B 点和 D 点的连线，这两个低点基本处在同一水平上，所以颈线是一条水平线。但是在实际行情中，大部分"头肩顶"形态的两个相对低点并不处在同一水平上，所以"头肩顶"形态的颈线大部分都是倾斜的。

在图 4-13 所示的玻璃 2209 合约的 5 分钟 K 线走势图中，出现了一个"三重底"形态。"三重底"形态其实就是一个失败的"双底"形态，并不是所有的"双底"形态都能走出完美的反转行情。在"双底"形态出现后，价格上涨至"双底"形态前面的高点附近受到阻挡，再次下跌至前期的两个低点附近，这样就形成了"三重底"形态。"三重底"形态比"双底"形态多了一个底，意味着前期两个低点的支撑力更大，"三重底"形态的反转概率比"双底"形态还高。

"三重底"形态作为重要的反转形态之一，经常出现在行情启动前，所以当我们发现行情在筑底，并且出现了"三重底"形态时，就要时刻留意行情的变化情况。由于"三重底"形态比"双底"形态多了一个底，所以它筑底的时间会更长，但是只要行情启动并出现趋势行情，它运行的时间就会比"双底"形态更长。"三重底"形态的3个低点基本处于同一水平线上，两个相对高点的连线就是这个"三重底"形态的颈线，所以这条颈线不一定是水平的。当价格突破这条颈线时，就是行情启动的最佳时机。期货交易中的"三次不破底做多"就是指"三重底"形态，"三次不破顶做空"则指的是"三重顶"形态。

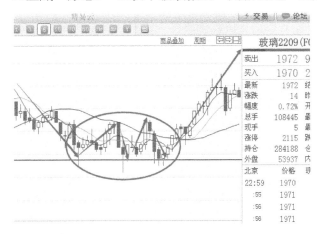

**图 4-13　玻璃 2209 合约的 5 分钟 K 线走势图**

在图 4-14 所示的"三重底"形态及其颈线示意图中，"三重底"形态的颈线是水平的，因为这个"三重底"形态中两个相对的高点基本处在同一水平上。当价格突破颈线时，就是行情启动的最佳时机，也是第一波行情上涨的开始，所以"三重底"形态是行情启动前非常重要的 K 线形态之一。当我们发现行情出现"三重底"形态时，就以颈线的突破为进场依据做多即可。在价格突破颈线后，成交量一般会明显地增长，通常会有一个缩量回抽确认的动作。笔者经常把"三重底"形态或者"三重顶"形态当作一个宽幅的震荡，或者一个比较宽的矩形形态来看待。无论是窄幅震荡还是宽幅震荡，其后都会有一波趋势行情，震荡持续的时间越久，接下来的趋势行情持续的时间越长，也就意味着在行情启动前，经常出现类似"三重底"形态或者"三重顶"形态的震荡行情。

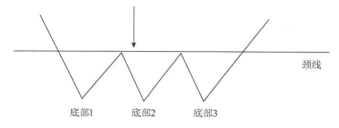

图 4-14　"三重底"形态及其颈线示意图

在图 4-15 所示的生猪 2209 合约的 5 分钟 K 线走势图中，行情启动前的 K 线形态没有之前筑底的明显特征，它形成底部的过程是一个先缓慢下跌，然后再缓慢上涨的过程。"圆弧底"形态形成的过程也是先空头能量缓慢释放，然后多头能量缓慢增加的一个过程。一般"圆弧底"形态没有明显的颈线。我们需要注意的就是，在"圆弧底"形态形成后，其右侧的行情能不能快速上涨。

图 4-15　生猪 2209 合约的 5 分钟 K 线走势图

图 4-16 所示是"圆弧底"形态及其颈线示意图。其实"圆弧底"形态的形成过程就是，在价格经过持续下跌后，空头能量不断地减弱直至没有，多头能量不断地增强直至占据主导地位的一个过程。只是在这个过程中，无论是空头能量的减弱，还是多头能量的增强，都是在缓慢中进行的，这就形成了"圆弧底"形态。由于在筑底的过程中，高点和高点之间、低点和低点之间的距离

太近了，所以"圆弧底"形态并没有之前讲的"头肩底"形态、"双底"形态、"三重底"形态中明显的高点和低点结构，其整体结构是相对平滑的弧形结构。由于整体结构中没有明显的高点和低点结构，所以一般"圆弧底"形态没有明显的颈线。判断"圆弧底"形态是否属于行情启动前典型的K线形态，就看行情在形成"圆弧底"形态后是否有增仓、增量、快速上涨的动作。

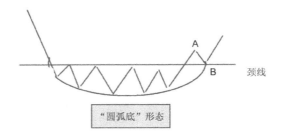

**图 4-16　"圆弧底"形态及其颈线示意图**

在图 4-17 所示的乙二醇 2301 合约的 5 分钟 K 线走势图中，行情经过急剧的下跌，最低跌至 4007，在筑底的过程中没有明显的高低点。无论是筑底初期的下跌，还是筑底后期的上涨，都在缓慢地进行，这就形成了一个典型的"圆弧底"形态。在"圆弧底"形态形成后，如果成交量突然放大，行情突然上涨（方框处），这就意味着行情开始启动，所以"圆弧底"形态也是一波行情启动前重要的 K 线形态之一。

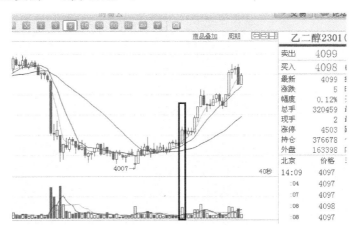

**图 4-17　乙二醇 2301 合约的 5 分钟 K 线走势图**

# 4.3　行情初期特征之量能的变化

在展开这个话题前，我们要知道什么是量能。在期货行情软件里面体现量能的指标有两个：一个是成交量，一个是持仓量。这里我们主要讲一下行情启动时成交量的变化，首先我们要知道什么是期货成交量。期货成交量是指特定交易时间单位内成交手数的总和。任何周期每一根 K 线下面都有形成这根 K 线需要的时间内的具体成交量。图 4-18 中的方框处就是玻璃 2301 合约在每 5 分钟内对应的成交量。每根成交量柱代表着这 5 分钟内成交量的多少：柱体越长，代表着这 5 分钟内的成交量越大；柱体越短，代表着这 5 分钟内的成交量越小。

回到行情启动时量能变化这个话题。在 4.2 节中，笔者通过列举实际案例，为大家讲解了行情启动前典型的 K 线形态，其中很多案例涉及了行情启动时需要量能的配合，接下来笔者就给大家讲解一下行情启动时量能的变化。提到量能，笔者就不得不说一下"量能集结"。

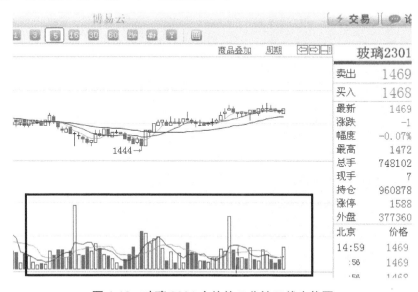

图 4-18　玻璃 2301 合约的 5 分钟 K 线走势图

　　"量能集结"如果出现在上涨行情启动的关键点位置，那么此次行情上涨的可能性就很大，如果此波行情能走出来，至少是一波中级的上涨行情。"量能集结"可以说是主力筑底成功，行情启动前准备资金的过程，就好比战争中准备冲锋前战士们将子弹上膛、摩拳擦掌的过程。

　　量能集结的过程中最少要有 5 根 K 线。需要注意的是，量能集结在任何周期内都适用，5 分钟行情中的 5 根 K 线就是 25 分钟，1 小时行情中的 5 根 K 线就是 5 小时，日线周期中的 5 根 K 线就是 5 天。当然，量能集结的时间越长，行情启动后趋势行情持续的时间越久。量能集结是行情启动初期量能重要的特征之一。

　　量能集结在分时图中同样适用。在图 4-19 所示的白糖的分时图中，我们看到在开盘后行情开始冲高，后来回落筑底，第一次试图突破前期的高点，但是受到均价线的压制。此时的关键就是在主力打算突破前高的时候，下面的量能并没有有效地集结放大，这就是导致突破失败的重要原因之一。笔者经常说的一句话就是"价行量先"，即价格要想上涨，首先要有量能的配合。当价格在重要点位想要向上或者向下突破时，一定要有量能的配合。

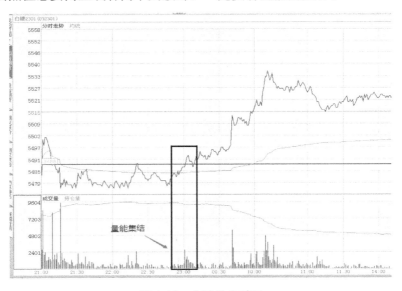

**图 4-19　白糖的分时图**

在图 4-20 所示的菜粕 2301 合约的 5 分钟 K 线走势图中，价格在经过连续的上涨后，最高涨至 3033，然后开始在高位横盘整理。当价格跌破前期横盘整理的下沿时，下面的量能要有效地放大，这样价格下跌的成功率才高。其实在成功跌破前期横盘整理的下沿前，价格曾经试图下跌，但是在跌到关键点位时量能萎缩了，这就导致了价格向下跌破横盘整理下沿的失败。量能的放大就是"量能集结"，是行情启动初期重要的量能形态。

**图 4-20　菜粕 2301 合约的 5 分钟 K 线走势图**

在图 4-21 所示的国际铜 2210 合约的 5 分钟 K 线走势图中，价格在经过短暂的横盘整理后向上突破，在价格突破前期横盘整理上沿的同时，行情出现了"量能集结"。"量能集结"就是笔者之前说过的"价行量先"，就是在行情上涨或者下跌之初，成交量一般都会出现增多的现象，成交量增多了，才能带动行情大幅地波动，所以"量能集结"是行情启动前重要的信号之一。只有被量能推动，行情才能持续，行情上涨或者下跌的可能性才大。

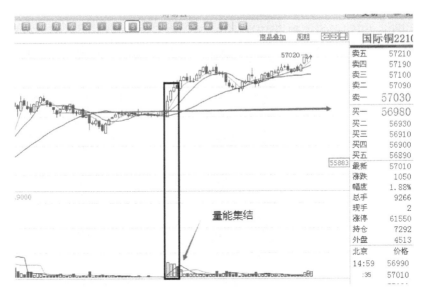

量能集结

图 4-21    国际铜 2210 合约的 5 分钟 K 线走势图

# 4.4    行情中期特征之行情的位置

根据笔者之前讲的波浪理论等基础知识，大家懂得了行情走势是有一定的规律可循的。这个规律就是行情完成一轮阶段性的上涨或者下跌，通常是通过 5 浪上涨或者 5 浪下跌完成的，也就是笔者经常说的 3 次上涨或者 3 次下跌。但行情也会出现 5 次、6 次，甚至更多次的上涨或者下跌。如图 4-22 所示，波浪理论中的第 3 浪和第 5 浪基本都处在上涨行情的中期。

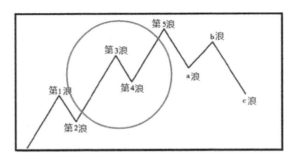

图 4-22    波浪理论示意图

在图 4-23 所示的焦煤 2301 合约的 5 分钟 K 线走势图中，行情在经过初期的上涨阶段后进入了上涨的中途。根据波浪理论我们不难发现，上涨行情的中期基本就是波浪理论的第 3 浪和第 5 浪。

上涨趋势一旦形成，我们就可以根据顺大逆小的交易原理，在第 2 浪和第 4 浪的回调位置进场做多。上涨初期的第 1 浪散户投资者很难抓到，但是可以抓到第 3 浪的上涨行情，以及可以持仓到第 5 浪，甚至更高点。只要行情不被破坏，理论上是可以一直持有的。

**图 4-23　焦煤 2301 合约的 5 分钟 K 线走势图**

在图 4-24 所示的沪铅 2209 合约的 60 分钟 K 线走势图中，圆圈处是这轮下跌行情的第 3 浪到第 5 浪的区间，处于这次下跌行情的中期。期货技术分析方面有种说法是"千人千浪"，其实我们不必对波浪理论进行太深入的研究，只要找到一个阶段性的顶部或者底部，也就是一个阶段性的高点或者低点，开始数浪即可。当价格走出了一波完整的上涨或下跌的行情时，我们能够做到准确识别第 2 浪和第 4 浪的回调即可。如果行情能够走出第 3 浪和第 5 浪，我们就可以从中获利。如果是单边行情，可能有 3 波或 4 波的上涨或下跌行情，多的时候会出现 6 波、7 波，甚至更多波的行情。只要行情没走坏，就处于行情中期，当行情走坏时，也就到了行情的末期，笔者会在接下来的章节为大家讲解。

图 4-24　沪铅 2209 合约的 60 分钟 K 线走势图

# 4.5　行情中期特征之走势特征

　　行情中期的第二个特征就是行情高低点的变化。比如，在上涨趋势途中，行情的低点在不断地抬高；在下跌趋势途中，行情的高点在不断地降低。就像道氏理论所说的波峰大于（或小于）前一个波峰，波谷大于（或小于）前一个波谷，这就是趋势行情，这里所说的波峰和波谷就是行情的高点和低点。

　　在图 4-25 所示的沪锌 2209 合约的日 K 线走势图中，价格在经过一轮下跌后跌至 21285，然后开始上涨，在经过上涨初期后，行情途中的低点在不断地抬高。只要上涨行情中的低点一直在抬高，就意味着行情还没有结束，此时我们可以一直持有多单。但是我们一定要结合 4.4 节所讲的行情的位置来分析，如果行情已经走完了 5 浪上涨，那么上涨行情就有可能随时结束。

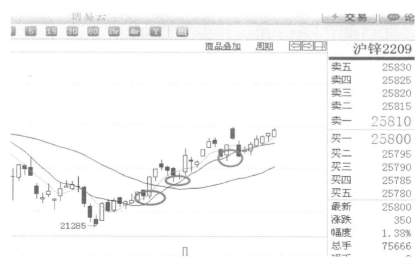

**图 4-25　沪锌 2209 合约的日 K 线走势图**

在图 4-26 所示的橡胶 2301 合约的日 K 线走势图中，我们发现行情的高点在不断地降低，这是行情中期典型的特征，意味着只要高点不断地降低，橡胶 2301 合约日 K 线级别的下跌趋势就将一直持续。在理论上，只要高点无法突破前期的高点，就可以作为一次进场的机会。

**图 4-26　橡胶 2301 合约的日 K 线走势图**

# 4.6 行情中期特征之均线特征

一般在趋势行情中，均线基本都处于发散状态，而且短期、中期、长期的均线不会缠绕在一起，一般以一个角度或向上或向下保持一种相互平行的状态。笔者在交易中基本只用 5 日均线、10 日均线和 30 日均线。很多投资者还用 60 日均线、120 日均线，甚至半年线或者年线。这种经常用大周期均线的投资者很多都是从股票市场转到期货市场的，把很多股票交易的习惯带到了期货交易中。我们要知道股票交易不是杠杆交易，而且没有时间限制，理论上只要投资者购买的股票的发行公司不倒闭，投资者就可以永久持有该股票。

股票属于一种长期投资品种，所以一般持有的时间短则几天、几个月，长则一年、两年，甚至 N 年，在这么长的持仓时间内当然可以利用半年线或者年线来进行行情分析。但是期货不一样，期货交易是杠杆交易，而且每个合约都有固定的交割时间，基本大部分商品期货的主力合约是 1 月、5 月、9 月的合约，也就是说，理论上一个合约最多持有的时间是 4 个月。到了最后的交易日，投资者如果想继续持有该合约，必须进行换月操作。投资期货属于短期的投机行为，太长周期的均线很多时候在一个合约上还没被用上就要换月了。所以笔者经常用的是 5 日均线、10 日均线和 30 日均线，这样整个行情的界面也比较简洁、干净。

在图 4-27 所示的沥青 2212 合约的日 K 线走势图中，在趋势行情的中期，5 日均线、10 日均线和 30 日均线以一个角度向上运行。价格沿着 5 日均线运行的趋势相对比较强，沿着 10 日均线运行为最合理的运行模式，沿着 30 日均线运行的趋势相对比较弱，而且很快会出现转势的可能，这种均线运行的状态是趋势行情中期典型的特征。

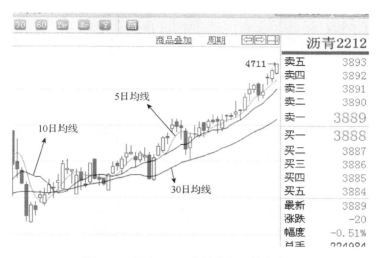

图 4-27　沥青 2212 合约的日 K 线走势图

在图 4-28 所示的塑料 2301 合约的 5 分钟 K 线走势图中，3 条均线均朝右上方倾斜发散运行，表示多头有上涨的动力，均线倾斜的角度越大，表示上涨的动力越足。理论上讲，在趋势行情上涨中期，只要价格不跌破 30 日均线，价格每次回调到 10 日均线或者 30 日均线附近并受到支撑，都是一次进场做多的机会。均线是为数不多的在主图中展示的技术指标，由于它是附属在 K 线上的，因此通过分析均线与 K 线的关系预测的趋势和买卖点更可信。这是其他附图指标无法做到的，所以均线是笔者运用最多的技术指标之一。

图 4-28　塑料 2301 合约的 5 分钟 K 线走势图

# 4.7 行情末期特征之行情的位置

《左传》中有句话："一鼓作气，再而衰，三而竭。"把这句话放到期货走势里面，就是对波浪理论5浪趋势中上涨或者下跌的动能最好的形容，用语言表述就是行情在走完 5 浪趋势后将告一段落，或在横盘整理后再次上涨或者下跌，或直接反转。笔者在这里讲的是大多数的情况，单边行情除外。

在图 4-29 所示的菜油 2301 合约的 60 分钟 K 线走势图中，行情在走完 5 浪趋势后开始下跌。一般行情在走完 5 浪趋势后有三种表现：第一种是先缩量横盘整理，然后再次选择方向；第二种是先走出 3 个调整浪，然后延续之前的走势；第三种是直接开始下跌。当我们遇到已经走完 5 浪趋势的行情时，应先观望，等待行情下一步的表现。

图 4-29 菜油 2301 合约的 60 分钟 K 线走势图

在图 4-30 所示的 IC2209 合约的 5 分钟 K 线走势图中，圆圈处是此波上涨行情的末期。我们在交易中要多注意 5 浪趋势的形态，行情在 5 浪趋势结束后如果无法再次创新高或者创新低，那么就有可能反转。但是有时候行情比较强势，在走完 5 浪趋势后可能再走出 5 浪趋势，而不结束。笔者建议投资者尽量做 3 浪趋势，以 5 浪趋势为辅。

图 4-30 IC2209 合约的 5 分钟 K 线走势图

在图 4-31 所示的螺纹 2301 合约的 60 分钟 K 线走势图中，价格在经过 5 浪上涨后进行了回调，然后再次经过 5 浪上涨，之后走出了 5 浪下跌行情和 5 浪上涨行情。无论在任何周期内，只要行情走完 5 浪趋势，投资者都要保持警惕，可能当前的行情将要结束。波浪理论在任何周期内都适用，所以最后一次 5 浪趋势经常是行情的末期。正常的一波上涨或者下跌的行情都会表现出 5 浪趋势，所以 5 浪趋势的末期基本也是一波行情的末期。

图 4-31 螺纹 2301 合约的 60 分钟 K 线走势图

在图 4-32 所示的豆油 2301 合约的日 K 线走势图中，5 浪趋势更为明显，价格从下跌到上涨，再从下跌到上涨基本都经过了 5 浪趋势。艾略特的波浪理论是非常好的主观交易分析理论，参与某一合约的人越多，它的准确性越高。投资者在交易中运用波浪理论时一定要根据行情灵活运用，并不是所有的行情都能走出标准的 5 浪趋势。

**图 4-32　豆油 2301 合约的日 K 线走势图**

# 4.8　行情末期特征之指标背离

在 4.8 节中我们要用到一个技术指标——MACD 指标。什么是 MACD 指标？MACD 指标是 Gerald Appel 于 1979 年提出的，主要用于分析股票价格变化的强度、方向的转换、能量的变化，利用短期指数移动平均线与长期指数移动平均线之间的黏合与发散情况，对买卖时机进行技术分析的指标。短期指数移动平均线称为快线，一般用 12 日的均线；长期指数移动平均线称为慢线，一般用 26 日的均线。如果价格在不断地创新低，而 MACD 指标的快慢线却没有创新低，这种情况叫作底背离。如果价格在不断地创新高，而 MACD 指标的快慢线却没有创新高，这种情况叫作顶背离。

如图 4-33 所示，MACD 指标除了包括快慢线，还有红柱和绿柱。当 MACD 指标中出现红柱时，说明行情可能要走强，也就是上涨。当行情持续上涨时，MACD 指标中的红柱会逐渐变长，基本红柱的变长与行情的上涨是同步的。相反，如果 MACD 指标中出现了绿柱，则意味着行情开始走弱，或者开始下跌，下跌的幅度越大，绿柱就会变得越长。如果行情继续上涨或者下跌，但是红柱或绿柱没有持续变长，那么就出现了 MACD 指标背离的现象。MACD 指标背离也是行情末期重要的特征之一。这里提醒大家，如果遇到单边行情，各种附图指标都会失效，此时我们就要用主图指标对行情进行跟踪。

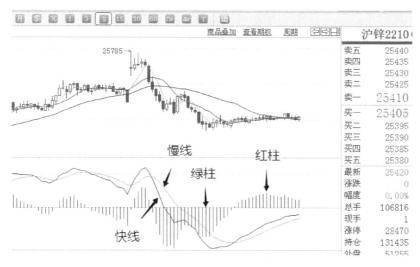

图 4-33　沪锌 2210 合约的 5 分钟 K 线走势图中的 MACD 指标

MACD 指标中的金叉和死叉是投资者用得最多的判断行情进场点的依据。慢线从下方上穿快线就是金叉，慢线从上方下穿快线就是死叉。金叉代表着行情后市看涨，死叉代表着行情后市看跌，这里不做太多的讲解。

当行情还在持续上涨或者下跌时，在顶部或者底部出现了 MACD 指标背离的情况，那么行情可能到了末期。什么是背离？背离就是"背道而驰"的意思。MACD 指标都是随着行情的上涨而上涨，随着行情的下跌而下跌的。当行情继续上涨时，但是 MACD 指标没有随之上涨；当行情继续下跌时，但是 MACD 指标没有随之下跌：这就是 MACD 指标背离。

MACD 指标背离分为顶背离和底背离。行情不断地创新高，而 MACD 指标中快慢线的高点却不断地走低，称为顶背离。行情不断地创新低，而 MACD 指标中快慢线的低点却不断地走高，称为底背离。当我们发现行情出现了顶背离或者底背离时，再配合之前讲的波浪理论的 5 浪趋势末期的特征进行判断，就会得出"行情到了末期"的结论。

MACD 指标背离是行情末期的重要特征。在图 4-34 所示的苯乙烯 2210 合约的 5 分钟 K 线走势图中，价格不断地创新低，而 MACD 指标的快慢线却没有创新低，那就意味着行情可能到了末期。如果再配合之前讲的行情在走完 5 浪趋势后下跌，并且在 5 浪趋势的低点出现了 MACD 指标的快慢线背离，那么行情结束的可能性就更大。

图 4-34　苯乙烯 2210 合约的 5 分钟 K 线走势图

在图 4-35 所示的尿素 2301 合约的日 K 线走势图中，价格经过了三次上涨，在上涨过程中不断地抬高高点，而 MACD 指标中快慢线的高点并没有抬高，那么行情有可能到达了末期。其实 MACD 指标的使用精髓就是通过顶背离和底背离，来判断行情末期的位置，然后判断阶段性的顶部和底部的位置。对进行技术分析的趋势投资者来说，用 MACD 指标背离来判断上涨行情或者下跌行情将要结束简单有效。

**图 4-35　尿素 2301 合约的日 K 线走势图**

在图 4-36 所示的黄金 2210 合约的 5 分钟 K 线走势图中，期货行情持续向下运行，低点在不断地降低，而 0 轴下方的绿柱堆体一个比一个小，这种情况表明下跌的动能在逐渐减弱。如果行情下跌得不到做空动能的支持，那么下跌行情很可能到了末期，在不久的将来有可能向上反弹或者反转。根据 MACD 指标 "红强绿弱" 的特点，我们可以直观地看到行情的强弱情况。翻红买入、翻绿卖出是运用 MACD 指标中的红柱和绿柱分析行情的最简单的方法。

**图 4-36　黄金 2210 合约的 5 分钟 K 线走势图**

在图 4-37 所示的螺纹 2210 合约的 60 分钟 K 线走势图中，行情持续向上运行，高点在不断地抬高，但是 0 轴上方的红柱堆体逐渐在变小，这表示上涨的动能在减弱。如果上涨的动能在短期内无法有效地放大，那么行情有可能无法持续上涨，行情上涨的末期将会出现。上涨行情得不到做多动能的支持，很可能在不久的将来出现回调，甚至下跌。所以 MACD 指标背离不仅是行情末期的重要特征，还是行情反转的信号。

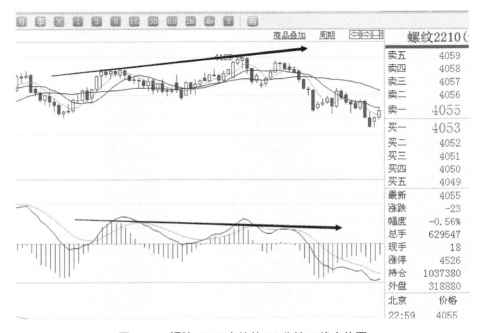

**图 4-37　螺纹 2210 合约的 60 分钟 K 线走势图**

MACD 指标作为技术指标之王，对行情来说有很高的参考价值。但是期货交易中没有万能的技术指标，投资者一定要将多种技术指标结合，多元化地分析行情，才能充分发挥技术分析的优势。

笔者通过列举多个真实案例为大家讲解了趋势行情三个阶段的特征，这些特征对投资者判断当前行情所处的位置非常有效。在图 4-38 所示的沪镍 2210 合约的 5 分钟 K 线走势图中，我们可以通过波浪理论初步判断，此时价格应该处于波浪理论的第 3 浪，处于行情的中期。如果此时进场，我们就可以根据波浪理论初步判断出行情大概下跌的幅度和下跌到的位置，这样波浪理论就对期货交易起到了目标位预测的作用。

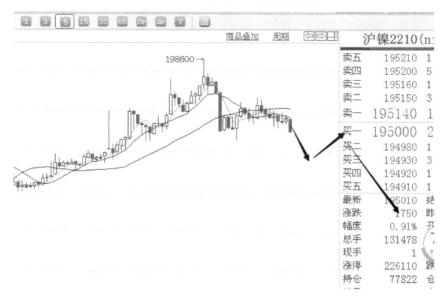

图 4-38　沪镍 2210 合约的 5 分钟 K 线走势图

# 第5章

## 5

## 支撑位与阻力位的判断

在期货交易中我们经常会画各种线，如高低点水平线（见图 5-1）、趋势线、颈线、通道（轨道）线、百分百线等。画这些线的目的是，更直观地看到当价格运行到这些线附近时，这些线对价格是否起到支撑或者阻挡的作用。那么支撑位与阻力位是如何形成的呢？直观一些就是，当行情上涨或者下跌到某一个价位时，出现了停顿，甚至出现了反转。

支撑位与阻力位形成的内在原因是什么呢？我们以支撑位为例进行说明。支撑位形成的内在原因就是当价格跌到某个价格区间时（支撑位和阻力位不是一个准确的价格，而是围绕着一个价格上下波动的区间），大多数投资者认为这个价格区间过低，很多买方认为此时进场做多有利可图，于是出现买方力量大于卖方力量的情况，从而导致价格下跌无法继续，由于买方的力量大，价格随之反弹或者反转，同时也是对下跌行情的一个保护。阻力位形成的内在原因正好相反。

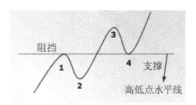

图 5-1　高低点水平线

# 5.1 支撑位与阻力位的重要性

支撑位与阻力位是我们交易中不可缺少的技术点，如果你连行情中的支撑位与阻力位都判断不出来，那么你很难在期货市场上长期生存。判断行情的支撑位与阻力位是一个普通投资者最基本的交易技能。通过判断支撑位与阻力位，我们可以知道价格在某一区间内受到多头或者空头的保护，只在一定区域内波动。

我们可以通过技术分析找出行情中的支撑位与阻力位。当趋势行情到达支撑位与阻力位附近时，有可能发生反转，也有可能暂缓上涨或者下跌。懂得判断支撑位与阻力位的位置，可以发现很多有利的进场交易的机会，进行目标位的预测。

# 5.2 密集成交区的支撑位与阻力位

在密集成交区中，行情在多次上涨或者下跌到某一价格附近时会出现反转或者停歇。支撑位或阻力位附近的高点和低点集中在一个相对狭窄的区域内，该区域内的高点或者低点越多，说明其支撑力或者阻力越大。还有就是投资者的心理作用，当预期的支撑位或阻力位出现时，投资者就会信赖此价格区间支撑或阻挡的作用，支撑位或阻力位附近的交易也会越来越频繁。支撑位或阻力位持续的时间越久，累计的交易量越多，那么这个位置的支撑力或阻力越大。

在图 5-2 所示的螺纹 2301 合约的 5 分钟 K 线走势图中，我们看到价格在经过一轮下跌后出现了横盘整理，这个横盘整理走势就处于密集成交区。当价格运行到密集成交区的高点或低点附近时，高点或低点就会对价格起到阻挡或支撑的作用。当价格在由高低点组成的区间内运行时，上涨到密集成交区的上沿附近就会受到阻挡，下跌到密集成交区的下沿附近就会受到支撑。当价格处在此密集成交区的高低点之间时，我们没必要操作，因为上有阻挡，下有支撑，方向不明确。只有当价格有效突破此密集成交区的高点时，我们才能进场做多；只有当价格跌破此密集成交区的低点时，我们才能进场做空。

图 5-2　螺纹 2301 合约的 5 分钟 K 线走势图

在图 5-3 所示的橡胶 2301 合约的 60 分钟 K 线走势图中，价格在经过一轮下跌后上涨，出现了两个小的密集成交区，这两个密集成交区的高点对价格起到了强有力的阻挡作用。如果价格想要上涨，首先要有效突破这两个密集成交区的高点。我们的交易思路就是当价格上涨到两个密集成交区的高点附近并受到阻挡时，我们就以这两个密集成交区的高点阻挡作为依据进场做空。做空下方的目标位可以初步设置在前期的低点 12580，同时我们也可以将 12580 作为支撑位做多，因为前面曾经有一次价格下跌试探失败了，证明这个点位对价格起到了支撑作用。当价格再次下跌到 12580 附近并受到支撑时，就出现了笔者之前讲到的"三重底"形态，"三重底"形态的后市也是做多。

图 5-3　橡胶 2301 合约的 60 分钟 K 线走势图

在图 5-4 所示的苯乙烯 2210 合约的 5 分钟 K 线走势图中，方框区域内就是一个密集成交区，只有价格突破或者跌破此密集成交区的高点或者低点，我们才能进场。如果价格一直在此密集成交区的高低点之间运行，我们的交易思路就是观望。高低点内横盘运行的时间越久，投资者对高低点的阻挡及支撑作用的依赖性就越强，在高低点区间内产生的交易量就越大。如果行情成功地向上突破或者向下跌破，那么出现趋势行情的可能性就很大。

图 5-4　苯乙烯 2210 合约的 5 分钟 K 线走势图

# 5.3　期货三线的支撑与阻挡

期货交易中的均线、颈线、趋势线是被用得最多的作为支撑位或阻力位的期货技术指标。我们先讲一下均线。均线的全称为移动平均线（Moving Average，简称 MA），是期货交易中用于统计分析的技术指标，是将一定周期内的证券价格、指数价格、期货价格进行平均，把不同时间的平均值进行连接，形成的一根价格平均线。均线是用来分析证券价格、指数价格、期货价格的变化趋势的技术指标。

也就是先把过去 N 根 K 线的收盘价相加再除以 N，得到一个平均价格，然后把求出来的一系列平均价格连成一条线。比如 60 日均线，就是先把前 60

根 K 线的收盘价相加再除以 60，然后把这 60 根 K 线对应的数值连成一条线，就得到了一条 60 日移动平均线。用同种方法我们可以得到 5 日移动平均线、10 日移动平均线，30 日移动平均线等任意日的移动平均线。笔者一般把 5 日移动平均线当作短期均线，把 10 日移动平均线当作中期均线，把 30 日移动平均线当作长期均线。在有趋势的行情里，短期均线和中期均线会经常缠绕在一起，而长期均线一般起到的是指引趋势方向的作用，如图 5-5 所示。

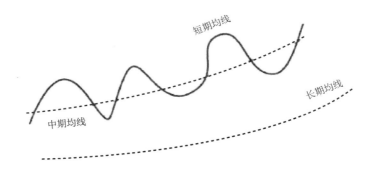

图 5-5　移动平均线示意图

其实均线最开始就是某周期内 $N$ 个交易日收盘价平均数值的连线而已，很多人对其运行规律进行了总结，认为它的运行具有一定的规律性。比如，价格在跌到均线附近时会受到均线的支撑。"其实地上本没有路，走的人多了，也便成了路"。其实均线本身没有支撑或者阻挡的作用，只是认为它有支撑或阻挡作用的人多了，它也就真的成了行情中的支撑位或阻力位。均线的支撑和阻挡作用，是大部分投资者的心理认可。所以我们在交易的时候会发现，均线有时候会对价格起到支撑或阻挡的作用，有的时候却起不到这种作用。

任何周期的均线对行情都可能起到支撑或阻挡的作用。价格在受到越小周期的均线的支撑或阻挡后，再次变化的动能越强大。所以沿着 5 日均线上涨的行情要强于沿着 10 日均线上涨的行情，沿着 10 日均线上涨的行情要强于沿着 30 日均线上涨的行情。均线不像趋势线和高低点水平线一样，是一条笔直的线，笔者经常把它们当作处于动态的趋势线，尤其是 30 日均线指引趋势方向的作用更加明显。

　　在图 5-6 所示的国际铜 2211 合约的 60 分钟 K 线走势图中，行情属于上涨趋势，价格一路上涨，当价格上涨过快远离了均线时，就有回调的需求。当价格回调到 30 日均线附近时，就会受到 30 日均线的支撑。笔者之前和大家讲过，认为均线对行情有支撑作用的人多了，当价格跌到均线附近时，就会有投资者依据均线的支撑作用进场做多。这就出现了只要价格回调到均线附近就有人进场的现象，自然而然地均线对行情有支撑作用就成为投资者通识的规律。

**图 5-6　国际铜 2211 合约的 60 分钟 K 线走势图**

　　在图 5-7 所示的鸡蛋 2301 合约的 60 分钟 K 线走势图中，价格开始下跌，当价格远离均线时就会有反弹的动作，在反弹到 10 日均线附近时受到了阻挡，然后再次下跌。在国际铜 2211 合约的案例中，30 日均线对上涨行情起到了支撑作用，而在鸡蛋 2301 合约的案例中，10 日均线对行情起到了压制作用。

　　笔者之前讲过，任何一条常用均线都会对行情起到支撑或者阻挡的作用。比如，股票交易中的半年线、年线，期货交易中的 5 日均线、10 日均线、20 日均线、30 日均线、60 日均线等。只是起到支撑或者阻挡作用的均线的周期越短，行情依靠此均线的支撑或者阻挡再次上涨或者下跌的速度越快，上涨或者下跌的可信度越高。

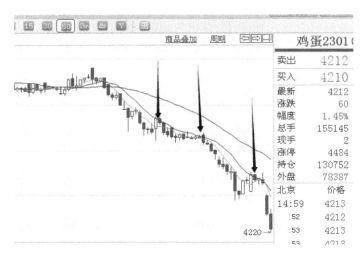

**图 5-7 鸡蛋 2301 合约的 60 分钟 K 线走势图**

在图 5-8 所示的黄豆二号 2210 合约的 60 分钟 K 线走势图中，价格开始上涨，如果价格上涨得太快，就会有回调的需求。当价格回调到 5 日均线附近时受到了 5 日均线的支撑，然后再次上涨。5 日均线支撑的价格上涨是典型的强势行情，其支撑强度大于 10 日均线、30 日均线、60 日均线。均线能很好地反映价格趋势的运行方向，是分析运行趋势的重要指标。均线的价格趋势一旦形成，就会在一段时间内保持向上或者向下运行。当价格回调或者反弹到均线附近时，均线就会对价格起到阻挡或支撑的作用，这就为投资者提供了进场或者出场的机会，均线指标的价值就在于此。

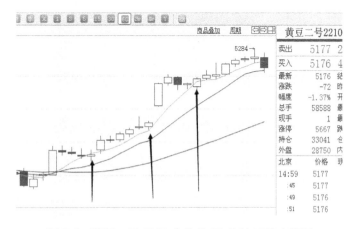

**图 5-8 黄豆二号 2210 合约的 60 分钟 K 线走势图**

　　接下来讲一下趋势线对价格的支撑及阻挡作用。趋势线其实就是一条能够让我们直观看到趋势方向的直线，能够正确反映价格的运行方向。它能给我们提供一直持仓的依据及理由，不仅给了我们当前价格的运行方向，还为我们进行交易提供了依据。

　　笔者在之前讲过，上涨行情的特征是低点不断地抬高，下跌行情的特征是高点不断地下移。我们通过这些特征可以画出一条上升趋势线或者下降趋势线。在图 5-9 所示的上升趋势线示意图中，在出现了阶段性的低点 A 后价格上涨，在上涨到阶段性的高点 B 后回调，产生新的低点 C。我们发现新的低点 C 高于前期的低点 A，也就是我们所说的低点在抬高。我们通过低点 A 和低点 C 画一条直线，就得到了想要的上升趋势线。

　　价格在再次上涨后开始回调，回调到这条上升趋势线附近的 E 点，根据上升趋势线的支撑作用，我们可以在 E 点附近顺势做多。如果行情在 E 点附近出现明显的底部反转形态，如锤头线、"早晨之星""旭日东升"等，那么上涨的可能性就比较大。

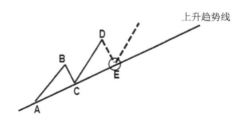

**图 5-9　上升趋势线示意图**

　　在图 5-10 所示的液化气 2210 合约的 5 分钟 K 线走势图中，价格出现了两个阶段性的低点（圆圈处），并且第二个低点高于第一个低点，也就是说，低点在不断地抬高。我们通过这两个低点画一条直线，就得到了我们想要的上升趋势线。价格继续向上运行，只要回调到这条上升趋势线附近就会受到支撑，此时我们可以将这条上升趋势线作为支撑进场做多。每当价格回调到这条上升趋势线附近并受到支撑时，都是一次绝佳的进场做多的机会，我们可以通过上升趋势线的支撑作用完成 N 次的做多交易。什么时候价格跌破这条上升趋势线，它的支撑作用就在什么时候结束。同时，价格可能从原来的上涨趋势转为下跌趋势。

图 5-10　液化气 2210 合约的 5 分钟 K 线走势图

在图 5-11 所示的沪铜 2210 合约的日 K 线走势图中，出现了两个低点（圆圈处），并且第二个低点高于第一个低点，此时我们通过两个低点画一条直线，就形成了一条上升趋势线。当价格在这条上升趋势线上方继续运行时，只要价格回调并受到此上升趋势线的支撑，就是一个绝佳的进场做多的机会。利用趋势线分析行情只是技术分析方法中的一种，单独使用趋势线的效果并不理想，一定要结合其他技术，如 K 线技术等，效果才会理想。

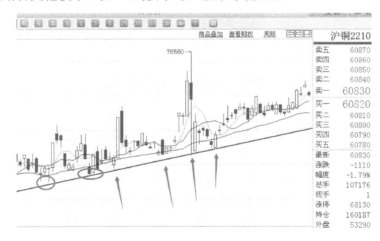

图 5-11　沪铜 2210 合约的日 K 线走势图

图 5-12 所示是下降趋势线示意图。下降趋势线的构成正好和上升趋势线

相反，行情在出现了阶段性的高点 A 后开始下跌，在下跌到 B 点后反弹，形成了一个新的高点 C。新的高点 C 低于前期的高点 A，我们通过高点 A 和高点 C 画一条直线，就得到了一条下降趋势线。只要价格一直在这条下降趋势线下方运行，我们就一直以做空为主。当价格在下跌到 D 点后反弹到下降趋势线附近并受到阻挡时，就是我们进场做空的机会。只要价格一直处在这条下降趋势线的下方，当价格反弹到下降趋势线附近时，我们就可以反复地做空，直到这条下降趋势线被有效地突破。同时，这也意味着下跌趋势可能转为上涨趋势。

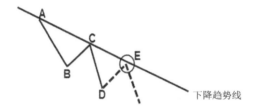

**图 5-12　下降趋势线示意图**

在图 5-13 所示的白糖 2301 合约的日 K 线走势图中，价格在上涨至高点 6266 后开始下跌，在下跌途中反弹，又出现了新的高点，这个高点低于前期的高点 6266。我们通过这两个高点画一条直线，就得到了一条下降趋势线。当价格继续下跌到这条下降趋势线附近并受到阻挡（箭头处）时，我们就可以将这条下降趋势线的阻挡作为进场做空的依据。

**图 5-13　白糖 2301 合约的日 K 线走势图**

在实际交易中，很多投资者经常盲目地套用各种期货技术。比如，当价格在上升趋势线上方运行时，只要价格向下跌破上升趋势线就做空；当价格处在下降趋势线的下方时，只要价格向上突破下降趋势线就做多。如果按照这个逻辑进行交易，是不是期货行情只有上涨行情和下跌行情了？顶部形态和底部形态不就都成了 V 形反转形态了吗？笔者之前讲的行情启动前的那些经典筑底或者筑顶形态就都不存在了。价格跌破上升趋势线或者突破下降趋势线，并不意味着行情就会反转，也可能是暂时的回调或者反弹，之后价格继续按照原有的趋势运行。

趋势线体现的是行情运行的方向和资金的流向，是非常简单且容易上手的期货和股票技术指标。由于其对价格的支撑和阻挡作用，以及反映了行情运行方向等，因此趋势线有着重要的参考价值。在技术分析领域有句话为"一把直尺闯天下"，体现的就是趋势线的重要价值。

颈线也是重要的技术指标，在这里笔者用"头肩底"形态和"头肩顶"形态为大家讲解。在图 5-14 所示的玉米淀粉 2211 合约的 60 分钟 K 线走势图中，价格下跌筑底形成了有 3 个低点的底部。在这 3 个低点中，中间的低点最低，左边和右边的低点次之，这 3 个低点形成的底部形态就是"头肩底"形态。左边的低点叫左肩，右边的低点叫右肩，中间的低点叫头部。我们通过这个"头肩底"形态中两个相对的高点画一条直线，就得到了我们想要的"头肩底"形态的颈线。当价格在颈线的下方时，颈线对价格起到阻挡的作用；当价格突破颈线时，我们就进场做多；当价格处在颈线上方时，颈线对价格起到了支撑作用。

在图 5-15 所示的低硫燃油 2210 合约的 5 分钟 K 线走势图中，价格在经过一轮上涨后出现了由 3 个高点形成的顶部。中间的高点高于两边的高点，形成了"头肩顶"形态：左边的高点是左肩，右边的高点是右肩，中间的高点是头部。有投资者认为，"头肩顶"形态的左肩和右肩应该处在同一价格区间。在实际交易中，任何的 K 线形态及技术图形都不可能是标准的，都会存在或多或少的变异，所以我们在交易中要能够识别出那些变异的 K 线形态及技术图形。在"头肩顶"形态中，通过两个相对低点所画的直线就是"头肩顶"形态的颈线。当价格在这条颈线上方时，颈线对价格起到的是支撑作用；当价格跌破颈线时，就是进场做空的最佳时机；当价格处在这条颈线下方时，颈线对价格就起到了阻挡作用。

图 5-14　玉米淀粉 2211 合约的 60 分钟 K 线走势图

图 5-15　低硫燃油 2210 合约的 5 分钟 K 线走势图

在图 5-16 所示的鸡蛋 2301 合约的 60 分钟 K 线走势图中，价格在经过持续的下跌后，形成了一个阶段性的底部。这个底部由 3 个低点组成，也就是我们之前讲过的"头肩底"形态。我们通过这个"头肩底"形态中两个相对的高点画一条直线，就得到了这个"头肩底"形态的颈线。价格在突破"头肩底"

形态的颈线后下跌，在回调到颈线附近时受到了颈线的支撑，此时是进场做多的绝佳机会。"头肩底"形态的颈线一旦被突破，它原来对行情的压制作用就转变为支撑作用，所以我们在交易中一定要留意颈线对行情的作用的转换。

图 5-16　鸡蛋 2301 合约的 60 分钟 K 线走势图

# 5.4　高低点的支撑与阻挡

在通常情况下，价格在上涨到前期高点附近时会受到前期高点的阻挡，价格在下跌到前期低点附近时会受到前期低点的支撑。但是这不是绝对的。和笔者之前讲的趋势线对价格起到支撑或阻挡作用的原理差不多，投资者认为前期的低点会对价格下跌起到支撑作用，前期的高点会对价格的上涨起到阻挡作用。这样认为的投资者多了，大家都尝试在价格下跌到前期低点附近时做多，那么价格就有可能在前期低点附近跌不动了。大家都尝试在价格上涨到前期高点附近时做空，那么价格就有可能在前期高点附近滞涨了。这样做的人多了，前期的高点或低点对价格具有阻挡或支撑的作用，就成为一种判断行情走势的规律。

前期的高点或者低点可能会对价格起到阻挡或者支撑的作用，但不是绝对的，价格在上涨到前期的高点时或者在下跌到前期的低点时并不一定会停留。而且前期的高点或者前期的低点阻挡或支撑的并不是一个具体的价格，而是一个价格区间。前期的高低点是否被突破，自然就成为判断趋势是否继续及行情是否反转的重要依据。大部分的投资者喜欢在前期的高低点附近调整自己的仓位，这也是前期的高低点附近经常是密集成交区的原因。

在图 5-17 所示的塑料 2301 合约的 60 分钟 K 线走势图中，价格在经过长期的下跌后出现了阶段性的低点 7516。当价格在上涨后再次下跌，跌至前期的低点 7516 附近时，一般会受到前期低点的支撑。如果我们发现前期有低点，并且价格在再次下跌至前期的低点附近时受到支撑，就可以进场做多。以高低点的阻挡或支撑作用作为进场依据进行交易，也是技术分析中常见的一种交易方法。此方法简单，而且进场点、止损点都非常清晰，容易上手，非常适合刚刚进入期货市场的"小白"。

图 5-17 塑料 2301 合约的 60 分钟 K 线走势图

在图 5-18 所示的苹果 2210 合约的日 K 线走势图中，前期有一个阶段性的高点，当价格再次上涨到此高点附近时受到了阻挡。如果在前期高点附近同时出现典型的顶部 K 线组合（"射击之星""乌云盖顶""黄昏之星"等），那么进场做空的胜算会更高。高低点分析方法属于期货技术中的"位置分析"，在高低点附近进行交易，交易风险相对小一些。

在图 5-19 所示的 PTA2301 合约的 60 分钟 K 线走势图中，当价格上涨到前期高点附近时受到阻挡，当价格下跌到前期低点附近时受到支撑。如果在 60 分钟的周期内出现这种行情，我们就可以通过 60 分钟行情的高低点在短于 60 分钟的任意周期中做短线交易，进场的依据和盈利的目标位都可以参考 60 分钟行情的高低点来定。

图 5-18　苹果 2210 合约的日 K 线走势图

图 5-19　PTA2301 合约的 60 分钟 K 线走势图

# 5.5  大阴阳的支撑与阻挡

何为大阳线？从 K 线实体来看，大阳线就是实体大于前期多根 K 线实体的平均值的 K 线。大阳线体现的是多头能量足够强，可以出现在趋势行情的初期，也可以出现在趋势行情的中期，当然也可以出现在趋势行情的末期。但是趋势行情末期出现大阳线的参考意义不大，基本都是多头上涨动能最后一次的释放。

大阳线的实体越长，代表着买方的能量越强，买方能量强就意味着后市看涨。大阴线的实体越长，代表着卖方的能量越强，卖方能量强就意味着后市看跌。但不是说一出现大阳线或者大阴线后市就一定上涨或者下跌，还要结合其他的技术与经验进行分析。

在图 5-20 所示的 PTA2301 合约的 60 分钟 K 线走势图中，行情经过长时间的上涨，突然在顶部出现了一根大阴线（圆圈处）。这根大阴线的高点会对上涨的价格起到阻挡的作用，理论上只要价格回不到这根大阴线的高点上方，就可以做多。大阴线出现在持续上涨行情的顶部，是见顶信号，表示行情可能正在筑顶，在筑顶结束后将下跌，此时大阴线高点的阻挡就成了我们进场做空的关键依据。如果大阴线出现在持续下跌的行情中，这根大阴线可能是空头能量的最后一次释放，即空头陷阱，我们不要盲目地做空。

图 5-20  PTA2301 合约的 60 分钟 K 线走势图

在图 5-21 所示的纯碱 2301 合约的日 K 线走势图中，价格在经过长期的下跌后开始横盘整理，这次横盘整理的过程有可能是一次筑底的过程，但也不一定，也可能是下跌行情的中途休息。在行情多次尝试下跌，并且形成了几个低点后，出现一根大阳线（圆圈处），此时我们应把这根大阳线的低点作为下跌行情的支撑位。这个支撑位同时还和前期的几个低点基本处在同一水平线上，产生了低点共振，那么这根大阳线低点的支撑作用就会更强大。只要价格无法跌破这根大阳线的低点，我们就可以进场做多。在连续下跌的行情中出现大阳线是典型的见底信号；在连续上涨的行情中出现大阳线，是行情滞涨、多头能量最后一次释放的信号，价格有可能很快就会回落。

**图 5-21 纯碱 2301 合约的日 K 线走势图**

在图 5-22 所示的短纤 2210 合约的 5 分钟 K 线走势图中，行情在快速上涨后开始回调，在回调到 10 日均线附近时受到 10 日均线的支撑，并且出现了一根大阳线（圆圈处）。均线也会对行情起到支撑或阻挡的作用，那么这根大阳线低点的支撑和 10 日均线的支撑就形成了支撑共振，我们可将此作为进场做多的依据。行情可能会多次回调到此根大阳线的低点附近，行情每次回调到大阳线的低点附近都是一次进场做多的依据。

在实际行情中，能够起到支撑或阻挡作用的位置有很多，如股票交易中最常用到的整数关口位置、跳空缺口位置、黄金分割率位置等。其实当价格在某一位置附近滞涨或者止跌时，这个位置就有可能是价格的阻力位或者支撑位。

**图 5-22　短纤 2210 合约的 5 分钟 K 线走势图**

# 第 6 章

**6**

-------------------------------------------------

# 短线高胜算做多技巧

## 6.1　首 K 做多法

首 K 做多法主要针对日内短线交易，而且是裸 K 交易的方法之一。首 K 做多法是根据开盘后第一根 30 分钟的 K 线进场的交易方法，适用于早盘和夜盘。

我们不难发现无论是早盘还是夜盘，在开盘时经常出现大幅的高开或跳空，尤其是与外盘密切相关或者由美元定价的品种。由于开盘后的行情波动剧烈，并且容易出现高开或者低开的现象，这就导致技术指标失真，失去了参考价值。这个时候很多投资者喜欢追涨杀跌，总想把开盘时行情大幅上涨或者下跌的利润抓住，但是经常事与愿违，大部分投资者都在亏钱。因为开盘后的行情波动剧烈，投资者很难把握。笔者定下的一个铁打不动的交易规则就是，在开盘后 30 分钟内以观望为主，在 30 分钟后有了首根 30 分钟的 K 线，那么就有了进场的参照物。

在出现首根 30 分钟的 K 线后，我们所要做的就是在这根 K 线实体的高低点处各画一条水平线，这两条水平线就是我们开盘后的第一个进场依据。这样首根 30 分钟 K 线就显得非常重要了。当价格突破首根 30 分钟 K 线实体的高点时，我们就进场做多；当价格跌破首根 30 分钟 K 线实体的低点时，我们就进场做空。

在图 6-1 所示的黄金 2212 合约的 30 分钟 K 线走势图中，开盘价和收盘价相比，属于小幅高开。在开盘 30 分钟后我们发现，开盘后的 30 分钟 K 线是一根阴线，此时我们在这根阴线实体的高低点处各画一条水平线。当价格处在这根阴线实体的高点之上时，我们就做多。我们可以看到价格在超过 30 分钟 K 线实体的高点后，多次回调触及 30 分钟 K 线实体的高点并受到支撑。价格每次回调到这根阴线实体的高点附近并受到支撑，都是一次进场做多的机会。

图 6-1　黄金 2212 合约的 30 分钟 K 线走势图

在图 6-2 所示的热卷 2301 合约的 30 分钟 K 线走势图中，圆圈处是两个开盘后的 30 分钟 K 线实体，我们所要做的就是在 30 分钟 K 线实体的高低点处各画一条水平线。当价格跌破 30 分钟 K 线实体的低点时，我们就进场做空。当价格处在第一个 30 分钟 K 线实体低点的下方时，只要价格反弹到此 30 分钟 K 线实体的低点附近（箭头处）并受到阻挡，就是我们进场做空的机会。第二个圆圈处同理，只要价格跌破这根 30 分钟 K 线实体的低点，我们就进场做空。

图 6-2    热卷 2301 合约的 30 分钟 K 线走势图

在图 6-3 所示的 PVC2301 合约的 30 分钟 K 线走势图中，当行情出现第一根 30 分钟 K 线时，我们应第一时间确定它的实体的高低点。当价格涨至第一根 30 分钟 K 线实体的高点之上时，我们就进场做多。在应用首 K 做多法时应该注意：30 分钟后的行情最好在 30 分钟 K 线实体的高点之上或者低点之下运行。如果行情在 30 分钟 K 线实体的高点之上运行，那么首根 30 分钟 K 线最好是阳线，这样进场做多的效果会更好。如果行情在 30 分钟 K 线实体的低点之下运行，那么首根 30 分钟 K 线最好是阴线，这样进场做空的效果会更好。

图 6-3    PVC2301 合约的 30 分钟 K 线走势图

# 6.2　空头行情末期做多法

笔者在 2018 年出版的《期货日内短线复利密码》一书中给大家讲解了在行情中期如何做多和做空的交易技巧，很多读者反馈在行情中期如何做多和做空已经学会了，强烈要求笔者把在行情末期如何做多和做空的交易技巧也讲一讲。针对这个问题笔者在本书中给大家做一下讲解。

上涨行情中期的特征之一就是低点不断地在抬高，下跌行情中期的特征之一就是高点不断地在降低。如果在上涨行情中低点不能持续抬高，在下跌行情中高点不能持续降低，是不是就意味着上涨行情或者下跌行情就要结束或者中途休息了？当上涨行情前期的低点被跌破时，就是进场做空的机会；当下跌行情前期的高点被突破时，就是进场做多的机会。

在图 6-4 所示的白糖 2205 合约的 5 分钟 K 线走势图中，前期下跌行情的高点不断地在下移，意味着行情持续下跌。当最新的高点被突破（方框处）时，意味着下跌行情告一段落，此时我们可以进场做多。在下跌行情中前期的高点是阻力位，当高点被突破时，它就从原来的阻力位变成了支撑位，所以我们在实际交易中一定要注意阻力位与支撑位的转换。每次价格回调到支撑位附近并受到支撑，都是一次进场做多的机会。

图 6-4　白糖 2205 合约的 5 分钟 K 线走势图

在图 6-5 所示的 20 号胶 2204 合约的 5 分钟 K 线走势图中，前期行情的高点不断地下移，低点也在不断地下移，通过这个特征我们可以判断这是典型的下跌趋势。当下跌途中的高点被突破（圆圈处）时，我们可以认为行情可能要止跌。我们可以将行情突破下跌途中最近的高点（方框处）作为依据进场做多。下跌途中的高点一旦被突破，它就从原来的阻力位变成了支撑位。价格在此高点上方每次回调到这个高点附近并受到支撑，都是一次进场做多的机会。

图 6-5　20 号胶 2204 合约的 5 分钟 K 线走势图

在图 6-6 所示的 PP2301 合约的日 K 线走势图中，价格从阶段性的高点（9042）开始下跌，在下跌的过程中我们可以看到高点不断地下移，低点也在同步下移，这是典型的下跌趋势。行情在连续走出了 5 浪下跌后开始反弹，第一次反弹到前期的高点附近（箭头处）并受到阻挡。当价格第二次向上突破前期的高点时（方框处），我们可以进场做多。在期货交易中，我们一定要相信自己的技术和交易策略，价格没有触发止损坚决不止损，一定要按照自己的交易计划来交易，坚守自己最初的进场理由。

图 6-6　PP2301 合约的日 K 线走势图

# 6.3　三跌底背离做多法

在讲三跌底背离做多法之前，我们要学会两点：一点是"波浪理论"，三跌底背离做多法要涉及"波浪理论"，还不明白的读者请翻到本书的 4.4 节学习；另一点是 MACD 指标的底背离，这点大家可以在本书的 4.8 节学习。

在图 6-7 所示的花生 2301 合约的 5 分钟 K 线走势图中，价格走出了 5 浪下跌，也就是我们俗称的 3 次下跌。此时 MACD 指标也出现了快慢线背离，也就是快慢线的低点没有随着行情的下跌而降低。如果价格突破前期最近的高点，我们就可以将此高点被突破作为进场做多的依据。大部分的行情基本在走完 5 浪下跌后都会出现止跌或者反转的现象，当然单边行情除外，其实一年下来真正能走出单边行情的品种也没几个。

图 6-7　花生 2301 合约的 5 分钟 K 线走势图

　　在图 6-8 所示的 PTA2301 合约的 5 分钟 K 线走势图中，行情经过 3 次下跌，最低跌至 5372。在行情经过 3 次下跌后我们看一下 MACD 指标的背离情况，如果行情在完成 5 浪下跌后又出现了 MACD 指标底背离，那么只要价格突破前期的高点，我们就可以进场做多。我们在期货交易中一定要遵守一个交易规则：当行情符合条件时才进场，行情没出现符合条件的机会，坚决不进场，宁可错过交易机会也不要做错，错过了机会，明天还有，做错了会亏钱，本金失去了就再也不属于你了。

图 6-8　PTA2301 合约的 5 分钟 K 线走势图

在图 6-9 所示的菜粕 2301 合约的 5 分钟 K 线走势图中，行情经过 3 次下跌，最低跌至 2889。在行情完成 3 次下跌后，MACD 指标的快慢线也出现了底背离，此时只要价格突破前期的高点，我们就可以尝试做多。如果行情不配合，就立即止损。期货市场在充满了财富的同时也到处是风险，投资者一不小心就会造成本金的损失。笔者经常和投资者说的一句话就是"无论你是从业多少年的期货投资者，只要你还在交易，就要学会敬畏市场"。期货市场中没有常胜将军，笔者最初也是在连续亏损几年后，在失败中总结经验，向期货前辈学习技巧，才有了今天的成绩。做期货要学会坦然面对止损，要知道止损是期货交易的成本之一。

图 6-9　菜粕 2301 合约的 5 分钟 K 线走势图

# 6.4　中轨金叉做多法

要讲解中轨金叉做多法，就要涉及一个技术指标，那就是"布林通道"，接下来笔者简单讲解一下布林通道。布林通道又称布林带、布林线，是由著名的投资大师约翰·布林格提出的概念。通过对布林通道的分析，我们可以从中发现买卖信号和进出场时机。布林通道是笔者经常用到且认可的技术指标之一。它的地位不亚于移动平均线，它是少有的附属在 K 线上的技术指标，附属在 K 线上的技术指标整体来讲要比单纯的附图指标好用很多。布林通道是一种非常简单且直观的技术指标，它跟踪趋势行情非常有效，并且使用起来非常方便，容易上手。

如图 6-10 所示，布林通道由 3 条线组成：一般中间这条线由 20 日移动平均线组成，我们通常称其为中轨；上面的一条线叫 Up 线，它是过去 20 日移动平均线加上 20 日收盘价 2 倍的标准差，我们通常叫它上轨；下面的一条线叫 Down 线，它是过去 20 日移动平均线减去 20 日收盘价 2 倍的标准差，我们通常叫它下轨。

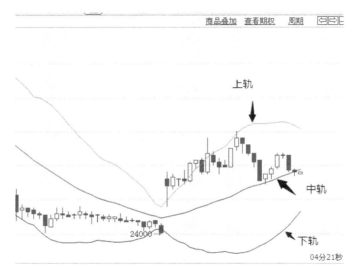

图 6-10　布林通道示意图

布林通道最基本的用法是：价格从下往上穿过布林通道的中轨是进场做多的信号，价格从上往下穿过布林通道的中轨是进场做空的信号。价格处在布林通道的上轨和中轨之间，代表行情较强，投资者应该以做多为主。价格每次回调到中轨附近并受到支撑，都是进场做多的机会。价格处在布林通道的下轨和中轨之间，代表行情较弱，投资者应该以做空为主。价格每次反弹到中轨附近并受到阻挡，都是进场做空的机会。

中轨金叉做多法用到两个指标：一个是刚刚讲到的布林通道，还有一个是

MACD 指标。在图 6-11 所示的沪铝 2203 合约的 5 分钟 K 线走势图中，我们看到价格一直处在布林通道的中轨和上轨之间。当价格回调到中轨附近并受到支撑的时候，我们看到在 MACD 指标中出现了金叉，在这种情况下，我们就可以进场做多了。只使用这两个指标中其中一个的进场胜算并不大，但是将两个指标结合使用就大大提高了进场的成功率。

图 6-11　沪铝 2203 合约的 5 分钟 K 线走势图

在图 6-12 所示的纸浆 2201 合约的 60 分钟 K 线走势图中，价格一直处在布林通道的中轨和上轨之间，并且中轨和上轨向上倾斜，这是典型的上涨行情。此时价格回调到中轨附近并受到支撑，同时下方附图中的 MACD 指标中出现了金叉，我们可以进场做多。在期货交易中，当两个或两个以上的技术指标出现共振时，表示市场中主力资金的同向性比较强。指标共振是一种凝聚力，是在同一段时间内多个指标向同一个方向推动的力量。在实际交易中，指标共振越多，信号的可信度越高。

在图 6-13 所示的黄豆二号 2203 合约的日 K 线走势图中，布林通道的上轨、中轨和下轨都向上运行，价格处在中轨和上轨之间。当价格远离中轨时有一个回调的动作，当价格回调到中轨附近时受到支撑，并且下方的 MACD 指标中出现金叉。在这种情况下，我们就可以依据布林通道中轨的支撑和 MACD 指标中金叉的共振进场做多。

**图 6-12　纸浆 2201 合约的 60 分钟 K 线走势图**

**图 6-13　黄豆二号 2203 合约的日 K 线走势图**

如果我们通过对历史行情进行复盘，认为一种做多方法可行，就可以把它当成进场做多的理由之一。可能会有进场失败的时候，不要试图每次进场都盈利，再厉害的期货高手在长期的交易中也有亏有赚，也难免会在一段时间内陷入亏损的困境。只要我们认可它，就坚持去做，长此以往一定会有收获。期货交易也是一门技术，我们需要用心地学习，用心地经营。

　　笔者刚刚通过列举 3 个案例给大家讲解了通过布林通道的中轨的支撑，以及 MACD 指标中金叉的配合如何进场做多。其实布林通道和 MACD 指标的配合还有一种形态，就是价格上穿布林通道的中轨与 MACD 指标中金叉的配合。在图 6-14 所示的 IH2209 合约的 5 分钟 K 线走势图中，我们看方框处，当价格上穿布林通道的中轨时，下方的 MACD 指标中正好出现了金叉，此时也是进场做多的机会。但是这时进场的成功率不如当价格回调到布林通道的中轨附近并受到支撑，以及 MACD 指标中出现金叉时进场的成功率高，我们遇到这种情况可以轻仓交易。

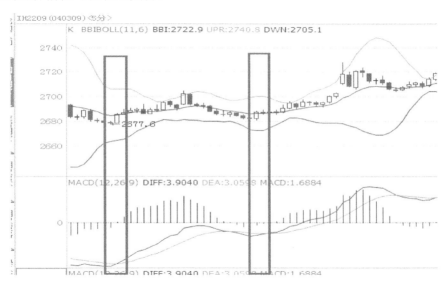

图 6-14　IH2209 合约的 5 分钟 K 线走势图

　　在图 6-15 所示的沪铝 2210 合约的 60 分钟 K 线走势图中，价格在经过长时间的下跌后，一直在布林通道的中轨和下轨之间运行。当价格上穿布林通道的中轨时，正好下方的 MACD 指标中出现金叉，我们就可以根据布林通道和 MACD 指标的共振进场做多。如果 MACD 指标中的金叉在 0 轴上，效果会更好。此时应该提醒投资者的是，任何指标和技术都不要单独使用，要将多个指标和技术结合使用来提高进场的成功率。

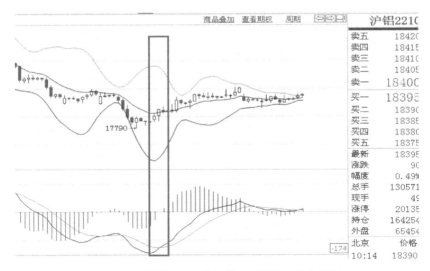

**图 6-15　沪铝 2210 合约的 60 分钟 K 线走势图**

# 6.5 "三英战吕布"做多法

　　"三英战吕布"做多法适用的行情特征是：一根大阳线的实体包住前 3 根 K 线的实体，这根大阳线的实体的长度一般是前 3 根 K 线的实体长度的平均值的两倍以上。一根大阳线的实体包住前 3 根 K 线的实体，它的内在含义是前 3 根下跌中的 K 线的实体比较小，意味着下跌的动能正在逐渐减弱，而之后的一根大阳线的实体包住前 3 根 K 线的实体，代表多头力量在快速增强。这个形态很可能是主力多头快速拉升的信号。

　　在图 6-16 所示的塑料 2205 合约的 5 分钟 K 线走势图中，价格一路下跌，最低跌至 8853。我们发现在下跌的低点出现了 3 根小 K 线，并且有止跌的迹象，之后出现一根大阳线，当然此根大阳线只是针对这 3 根底部的小 K 线而言的。这根大阳线的实体包住了前 3 根小 K 线的实体，此时我们可以判断"三英战吕布"做多法适用的行情出现，我们可以在这根大阳线走完后进场做多。行情经过长期的下跌，并伴有典型的底部反转形态（"头肩底"形态、"双底"形态、"三重底"形态等），此时运用"三英战吕布"做多法的效果更好。

图 6-16　塑料 2205 合约的 5 分钟 K 线走势图

在图 6-17 所示的 PVC2205 合约的 5 分钟 K 线走势图中，价格经过小幅的持续下跌，在阶段性的底部出现了 3 根阴 K 线，而且这 3 根阴 K 线的实体一个比一个短，这就意味着在这 3 根阴 K 线的走势中，空头能量在逐渐减弱。最低处的这根阴 K 线还是一个螺旋桨 K 线，笔者认为螺旋桨 K 线与长十字星的作用差不多，都是多空能量均衡的体现。螺旋桨 K 线在连续下跌的行情中出现，经常是空头能量释放完毕、行情反转的信号。接下来行情中出现一根大阳线的实体包住这 3 根阴 K 线的实体，当这根大阳线走完时，我们就可以多头进场。

图 6-17　PVC2205 合约的 5 分钟 K 线走势图

在图 6-18 所示的焦煤 2205 合约的 5 分钟 K 线走势图中，行情经过一段时间的下跌，在底部形成类似于"头肩底"形态的形态。在此形态的右边出现了一根阳线，其实体包住了前面 3 根 K 线的实体，我们可以以此为依据进场做多。只是在"三英战吕布"做多法适用的形态里面，这根阳线的实体稍微有点短，上涨的力度有所欠缺。我们在面对此类形态时一定要轻仓，并且严格止损。

图 6-18　焦煤 2205 合约的 5 分钟 K 线走势图

# 6.6　活蜘蛛做多法

如图 6-19 所示，活蜘蛛形态是指 5 日均线、10 日均线、30 日均线相交在一个点。有很多投资者喜欢用 5 日均线、10 日均线、20 日均线。没有说哪 3 条均线最好，主要还是看投资者的交易习惯。在这 3 条均线相交在一个点后，只要价格涨到了 3 条均线之上，后市就以看多为主，投资者可以择机进场做多。因为 3 条均线相交在一起看起来就像一只蜘蛛，所以我们形象地把这种做法称为"活蜘蛛做多法"，方便大家以后在行情中能快速地识别。

图 6-19　活蜘蛛形态示意图

当然我们希望的是，在活蜘蛛形态中，5 日均线上穿 10 日均线，5 日均线上穿 30 日均线，10 日均线上穿 30 日均线，这 3 个金叉最好相交在一个点。但是在实际行情中，经常出现变异形态，这就需要我们对行情的形态比较熟悉。就好比 K 线形态一样，标准的形态并不多，80%以上都是变异形态，但是变异形态同样具备参考意义。所以我们需要多研究行情走势的特征，多模拟或者进行实盘交易，才能对各种形态有更深入的认识和理解。

图 6-20 所示是纯碱 2301 合约的 5 分钟 K 线走势图，图中就有一个变异的活蜘蛛形态。笔者认为，只要 5 日均线上穿 10 日均线、10 日均线上穿 30 日均线、5 日均线上穿 30 日均线 3 个金叉能够在 3 根 K 线范围内完成，对应的形态就可以叫作活蜘蛛形态。

图 6-20　纯碱 2301 合约的 5 分钟 K 线走势图

在图 6-21 所示的粳米 2204 合约的 60 分钟 K 线走势图中，当 5 日均线上穿 10 日均线、10 日均线上穿 30 日均线、5 日均线上穿 30 日均线 3 个金叉相交在一个点时，行情中出现了标准的活蜘蛛形态。在 3 条均线完成黄金交叉后，只要价格涨至 3 条均线的上方，就是绝佳的做多机会。从行情上我们也可以直观地看到，前期的行情经过一个筑底的过程，而且行情震荡区间越来越窄，需要的就是一次方向的选择。

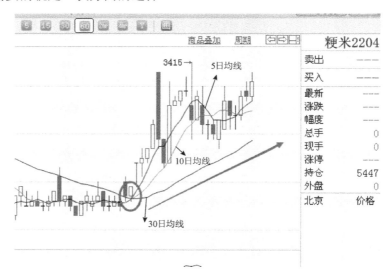

图 6-21　粳米 2204 合约的 60 分钟 K 线走势图

在图 6-22 所示的玉米淀粉 2203 合约的 5 分钟 K 线走势图中，5 日均线上穿 10 日均线、10 日均线上穿 30 日均线、5 日均线上穿 30 日均线 3 个金叉没有相交在一个点，但是在两根 K 线范围内完成了，此时的形态也可以称为活蜘蛛形态。之后只要价格能涨至三条均线的上方，我们就能以行情出现活蜘蛛形态为依据做多。

活蜘蛛形态的市场含义就是，在出现筑底的过程中，多头主力布局多头头寸，导致长期均线、中期均线、短期均线距离越来越近，甚至重合在一起，当多头主力开始向上突破时，活蜘蛛形态就形成了。所以当行情出现活蜘蛛形态时，是非常好的多头买入时机。

**图 6-22　玉米淀粉 2203 合约的 5 分钟 K 线走势图**

在图 6-23 所示的 IC2202 合约的日 K 线走势图中，行情经过长期的筑底盘整，当 5 日均线上穿 30 日均线、10 日均线上穿 30 日均线、5 日均线上穿 10 日均线 3 个金叉相交在一个点时，出现了一个非常标准的活蜘蛛形态。之后只要价格涨至 3 条均线的上方，就是进场做多的机会。很多投资者会用到 4 条均线、5 条均线，甚至 6 条均线，活蜘蛛做多法在多少条均线的形态中都适用，而且越多条均线相交在一个点，信号越强烈。

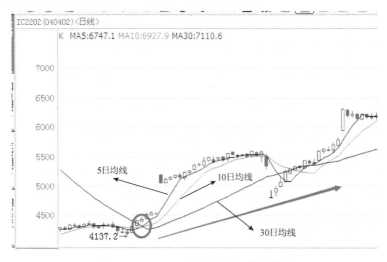

**图 6-23　IC2202 合约的日 K 线走势图**

# 第 7 章

# 短线高胜算做空技巧

## 7.1　首 K 做空法

在图 7-1 所示的菜油 2301 合约的 30 分钟 K 线走势图中，在开盘 30 分钟后，就产生了第一根 30 分钟 K 线。接下来我们要做的就是，在第一根 30 分钟 K 线实体的低点处画一条水平线。这根 30 分钟 K 线的收盘价和开盘价非常接近，即使这根 30 分钟 K 线的开盘价与收盘价一样，也适合用首 K 做空法。当价格跌至第一根 30 分钟 K 线实体的下方时，我们就可以进场做空。

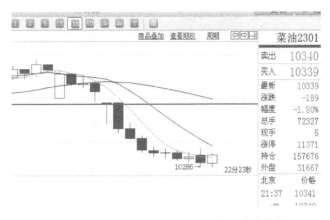

图 7-1　菜油 2301 合约的 30 分钟 K 线走势图

在图 7-2 所示的低硫燃油 2210 合约的 30 分钟 K 线走势图中，开盘后 30 分钟内的行情属于下跌行情，导致开盘后第一根 30 分钟 K 线是一根大阴线。笔者在交易中发现，当天开盘后早盘行情的强弱，经常会影响一整天的行情走势。早盘行情一般指的是开盘后 30 分钟内的行情。早盘行情偏弱，当天行情以下跌为主的概率就高；早盘行情偏强，当天行情以上涨为主的概率就高。但这不是绝对的，只是概率高一点而已。图 7-2 中的 30 分钟 K 线是一根大阴线，我们在这根大阴线实体的低点处画一条水平线，只要价格收在这根 30 分钟 K 线实体的下方，就是进场做空的机会。

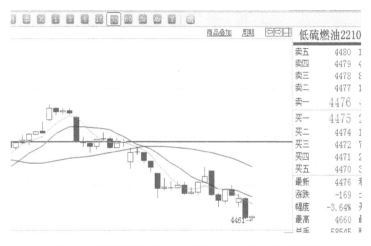

图 7-2　低硫燃油 2210 合约的 30 分钟 K 线走势图

首 K 做空法不仅可以在 K 线走势图中使用，也可以在分时图中使用。只要我们对行情足够熟悉，把进场的方法牢记于心，无论它怎么体现，我们都可以运用自如。在图 7-3 所示的沪锡 2210 合约的分时图中，在开盘 30 分钟后，我们可以在这半小时行情的高低点处各画一条水平线。当价格跌破低点处的水平线时，我们就进场做空；当价格突破高点处的水平线时，我们就进场做多。我们可以看到，价格在跌破低点处的水平线后出现了反弹，只要价格反弹到前期的低点附近，前期低点对价格的支撑作用就转换为阻挡作用，此时我们可以将前期低点阻挡价格变化作为依据进场做空。重要点位的支撑作用与阻挡作用的转换，大家一定要灵活运用。

图 7-3　沪锡 2210 合约的分时图

# 7.2　多头行情末期做空法

在图 7-4 所示的 IC2203 合约的日 K 线走势图中，行情的高点和低点在不断地抬高，这是典型的上涨趋势。当前期的低点被跌破（方框处）时，就意味着上涨趋势可能不能持续，有可能出现反转，此时我们就可以将前期上涨趋势的低点被跌破作为依据进场做空。在首次跌破前期的低点后，行情可能会围绕着前期的低点反复震荡，这是多头不甘心下跌进行反抗的表现，属于行情的正常现象。只要价格最终无法回到前期低点的上方，我们就以前期的低点被跌破为依据进场做空。

图 7-4　IC2203 合约的日 K 线走势图

　　在图 7-5 所示的黄豆一号 2203 合约的 5 分钟 K 线走势图中，前期行情是上涨行情，虽然行情上涨不太流畅，但是整体表现是低点在不断地抬高。当最近的低点（圆圈处）被跌破（方框处）时，就是进场做空的时机。上涨行情的低点不能持续地抬高，意味着此上涨行情有可能终结。在价格跌破上涨行情最后一个低点后，此低点原来对价格的支撑作用就转换为阻挡作用。如图 7-5 所示，价格在跌破前期的低点后，反弹到前期的低点附近并受到阻挡，这就是一次进场做空的机会。

**图 7-5　黄豆一号 2203 合约的 5 分钟 K 线走势图**

　　在图 7-6 所示的焦煤 2301 合约的日 K 线走势图中，行情的高点和低点都不断地在抬高，这是一个典型的上涨行情的特征。当行情的高点和低点不能继续抬高时，只要价格跌破上涨行情最近的低点，就是一次进场做空的机会。当然，任何交易都没有百分百的胜算，方向错了就严格止损。我们在任何情况下都不要把盈利放到第一位，进场应首先考虑风险，以及在这笔交易中我能承受多大的亏损，盈利反而是其次考虑的，先保护好本金，然后再考虑盈利。

　　我们进行每笔交易都要做到理由充分，机会错过不用怕，只要交易所在，天天都有机会。期货市场最不缺的就是赚钱的机会，缺少的是耐心和执行力。大部分投资者不懂得等待，经常经不起市场的诱惑而盲目进场，下单太过随意，慢慢地本金就没了，最后无奈地离开这个市场。

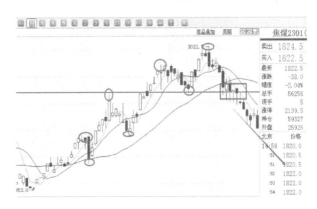

图 7-6　焦煤 2301 合约的日 K 线走势图

# 7.3　中轨死叉做空法

在中轨金叉做多法中，布林通道和 MACD 指标的配合有两种形态，那么其在中轨死叉做空法中同样有两种形态。在图 7-7 所示的沪锌 2210 合约的 5 分钟 K 线走势图中，当价格跌破布林通道的中轨时，下方的 MACD 指标中正好出现死叉，我们就可依据布林通道的中轨被跌破和 MACD 指标中出现死叉的共振来进场做空。

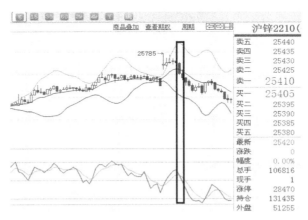

图 7-7　沪锌 2210 合约的 5 分钟 K 线走势图

在图 7-8 所示的黄金 2212 合约的 5 分钟 K 线走势图中，我们看到行情一

直在布林通道中轨的上方运行。当价格跌破布林通道的中轨时，下方的 MACD
指标中出现死叉，此时就是一次进场做空的机会。最好价格跌破布林通道的中
轨与 MACD 指标中出现死叉同时出现，不要超出 3 根 K 线的范围，同时布林
通道的上轨和下轨也应该敞口。将布林通道与 MACD 指标简单地结合使用，
适用于任何周期的行情。

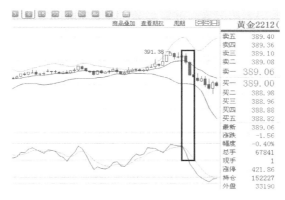

图 7-8　黄金 2212 合约的 5 分钟 K 线走势图

　　笔者刚刚讲了价格跌破布林通道的中轨和 MACD 指标中出现死叉的配合使
用，接下来讲一下价格受到布林通道中轨的阻挡和 MACD 指标中出现死叉的配
合。在图 7-9 所示的苯乙烯 2210 合约的 60 分钟 K 线走势图中，前期的行情属于
震荡行情，价格围绕着布林通道的中轨运行。当价格受到布林通道中轨的阻挡时，
下方的 MACD 指标中出现死叉，并且布林通道的上轨和下轨开始张开，此时我
们可以积极地进场做多。一定要记住，这 3 个条件必须同时具备我们才能进场。

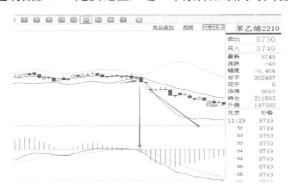

图 7-9　苯乙烯 2210 合约的 60 分钟 K 线走势图

在图 7-10 所示的硅铁 2211 合约的日 K 线走势图中，行情一直在布林通道的中轨上方运行，并且中轨的运行方向是倾斜向上的，这是典型的上涨行情。突然有一天行情大幅跳空低开，在日 K 线上的体现就是出现了一个向下跳空的缺口。这里和大家讲一下，无论是向上跳空还是向下跳空，我们都要把跳空的部分当作连续的行情看待，只是跳空区间内的行情没有可成交价格而已。价格连续 3 天都无法突破布林通道的中轨，受到布林通道中轨的阻挡，并且 MACD 指标中出现了死叉，还有一个重要的特征就是布林通道的上轨和下轨要打开。此时我们可以将布林通道的中轨对价格的阻挡与 MACD 指标中出现死叉的共振作为依据进场做空。

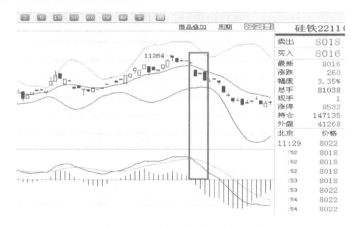

图 7-10　硅铁 2211 合约的日 K 线走势图

# 7.4　三涨顶背离做空法

三涨顶背离做空法同样涉及波浪理论。投资大师艾略特认为，股票、外汇、期货等所有衍生品的走势都和大海的潮汐、波浪一样，看似毫无规律可循，其实有一定的规律性：行情在一轮上涨之后会休息，然后开始新一轮的上涨，周而复始。宇宙万物皆有规律可循，包括各种衍生品的走势。所以投资者可以根据行情波动的规律性来预测未来可能出现的走势，从而提早做好进场或者出场的准备。

波浪理论简单地说就是，一轮上涨行情或者下跌行情一般会通过 5 浪完成，当然这不是绝对的，期货行情只有相对，没有绝对可言。其中，第 1 浪、第 3 浪、第 5 浪是趋势浪，而第 2 浪、第 4 浪为趋势行情中的调整浪。绝大部分的行情都表现为 5 浪行情，笔者习惯称之为 3 波行情。我们知道了这个规律，那么上涨行情在走完 3 波之后是不是就要下跌了？下跌行情在走完 3 波之后是不是就要上涨了呢？答案是有可能。

在图 7-11 所示的橡胶 2301 合约的 5 分钟 K 线走势图中，价格在经过急剧的下跌后开始上涨。在价格连续完成 3 波上涨后我们发现，MACD 指标的快慢线背离了，即价格在不断地创造高点，而 MACD 指标中的快慢线却无法创高点。MACD 顶背离如果连续出现在 3 波上涨行情中，就意味着多头的能量正在减弱，价格失去了上涨的动能。MACD 顶背离在任何周期中都可能出现，周期级别越大，接下来的调整幅度就越大。这种背离还可能出现多次，背离的次数越多，后期进行行情调整的可能性越大。如果顶部或者底部出现背离的次数在 3 次以上，那么接下来的调整概率将超过 80%。

图 7-11　橡胶 2301 合约的 5 分钟 K 线走势图

在图 7-12 所示的沥青 2212 合约的 60 分钟 K 线走势图中，上涨行情中的价格在不断地创新高，在经过 3 次上涨后，下面的 MACD 指标中快慢线的高点在降低，此时就出现了 MACD 顶背离形态。如果这次的 MACD 顶背离形态是真实的，则说明沥青 2212 合约见顶了，接下来行情有可能会出现回调，甚至反转。此时如果投资者持有多单，一定要减仓或者平仓；如果空仓，可以少量地布局空单。当我们看懂行情时，一定要果断进场，在看不懂的时候就保持观望。观望就是等待，等待是交易中重要的组成部分，耐得住寂寞，才能赚得到明明白白的钱。

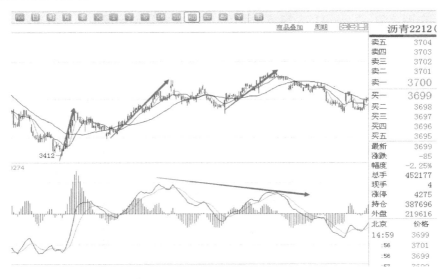

图 7-12　沥青 2212 合约的 60 分钟 K 线走势图

在图 7-13 所示的豆油 2301 合约的日 K 线走势图中，行情在经过短暂的横盘整理后开始上涨，在上涨的过程中，价格创新高，下方的 MACD 指标中快慢线的高点也随着创新高，此时是非常理想的上涨形态。在价格连续上涨 3 次后，我们发现价格继续创新高，而下方的 MACD 指标中快慢线的高点却在降低，这就是典型的 MACD 顶背离形态。当出现这种情况时，手里有多单的投资者应尽快减仓或者平仓，手里没多单的投资者可以择机进场做空。MACD 指标使用的精髓不是简单的"金叉买，死叉卖"，更多的是通过分析"顶背离"形态和"底背离"形态来判断行情，从而找到阶段性的顶部或者底部，这种做法对进行趋势交易的投资者来说简单、有效。

图 7-13　豆油 2301 合约的日 K 线走势图

　　笔者通过列举 3 个案例为大家讲解了三涨顶背离做空法，这 3 个案例的时间周期分别是 5 分钟周期、60 分钟周期和日线周期，这样选择是为了通过实际案例告诉大家，笔者讲的期货短线技术在任何周期内都适用。如果把它们运用自如，会对我们的交易有很大的帮助。以交易为生的投资者要保持一颗平常心，不要人云亦云。期货交易需要技术，更需要交易理念。对于在复盘中认为可行的技术，要持之以恒地执行。期货交易的关键不是有没有技术，而是在有了技术之后有没有坚持去执行。

# 7.5　"三英战吕布"做空法

　　"三英战吕布"做空法适用的行情特征是：前期在经过一轮上涨并出现阶段性的高点后，行情连续出现几根小阴线和小阳线的短暂横盘整理，这个小的横盘整理区间内可以都是小阳线，也可以是小阴线和小阳线的混合。然后出现一根大阴线，这根大阴线实体的低点低于前面横盘整理区间内小 K 线实体的低点。前面小 K 线的数量最好在 3 根以上，当然，越多根小 K 线的实体被这根大阴线的实体包住越好。

在图 7-14 所示的 PP2301 合约的 5 分钟 K 线走势图中，行情在经过一轮上涨后，最高涨至 8007，而后出现了小幅的横盘整理。突然一根阴线的实体包住了前面的 3 根 K 线的实体，此时"三英战吕布"做空法适用的基本形态就形成了，我们的交易思路以做空为主。期货技术有很多，但是最能反映主力资金的情况的就是 K 线，K 线是职业交易者进行技术分析和判断行情反转的常用技术工具。在行情出现单边上涨或者下跌走势的时候，如果在顶部出现一根阴线的实体包住 3 根 K 线的实体的形态，或者在底部出现一根阳线的实体包住 3 根 K 线的实体的形态，那就是重要的行情反转信号，同时也是典型的进场信号。

图 7-14　PP2301 合约的 5 分钟 K 线走势图

在图 7-15 所示的尿素 2301 合约的 60 分钟 K 线走势图中，价格在经过连续的上涨后最高涨至 2915。我们可以看到 2915 这根阴线的实体包住了前 3 根 K 线的实体，其实也可以说包住了前面 4 根 K 线的实体。之前笔者讲过，包住的 K 线的实体越多，信号越强烈。这个顶部的 K 线组合是一个典型的"三英战吕布"做空法适用的形态，后市我们以看空为主。

在图 7-15 中，行情顶部出现了"三英战吕布"做空法适用的形态（上面圆圈处），而后行情开始下跌，在下跌途中的反弹高点又出现了一个"三英战吕布"做空法适用的形态（下面圆圈处），预示着后市下跌行情将持续。笔者想通过此案例告诉大家，"三英战吕布"做空法适用的形态可以在行情的顶部出现，也可以在下跌行情的途中出现，大家在交易中要灵活运用。

图 7-15　尿素 2301 合约的 60 分钟 K 线走势图

　　在图 7-16 所示的沥青 2212 合约的 5 分钟 K 线走势图中，行情在经过持续上涨后出现了阶段性的高点 3867，然后出现了小阴线、小阳线连续的横盘整理，接下来一根阴线的实体直接把前期横盘整理中的小阴线、小阳线的实体全部包住，这就是一个典型的顶部"三英战吕布"做空法适用的形态。"三英战吕布"做空法适用的形态出现是典型的筑顶结束信号，意味着做空动能开始强劲。如果此时再有量能的配合，效果会更好，后市以看空为主。

图 7-16　沥青 2212 合约的 5 分钟 K 线走势图

# 7.6　死蜘蛛做空法

图 7-17 所示是标准的死蜘蛛形态示意图。价格经过一轮上涨，在阶段性的高点开始横盘震荡，长期、中期、短期的均线此时的表现就是，短期均线下穿中期均线形成死叉，短期均线下穿长期均线形成死叉，中期均线下穿长期均线形成死叉，如果这 3 个死叉正好在一个点上，那么就是典型的死蜘蛛形态。

在出现死蜘蛛形态后，均线开始向下发散，并且新一轮的下跌行情将开始。一般死蜘蛛形态中的均线可以选用 5 日均线、10 日均线和 20 日均线，笔者用得比较多的是 5 日均线、10 日均线和 30 日均线，这根据个人使用习惯而定，适合的就是最好的。

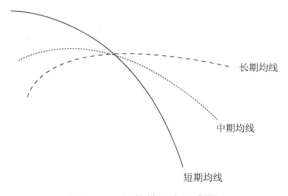

**图 7-17　死蜘蛛形态示意图**

在图 7-18 所示的 PP2205 合约的 5 分钟 K 线走势图中，开始 5 日均线、10 日均线和 30 日均线随着行情的上涨由下往上发散，当行情在上涨到一定高度后开始滞涨筑顶时，5 日均线、10 日均线和 30 日均线由原来的上涨发散状态转为横向收缩状态。5 日均线、10 日均线和 30 日均线收缩到一定阶段就会出现相交的情况，形成死叉，如果 5 日均线、10 日均线和 30 日均线的 3 个死叉出现在一个点，就形成了死蜘蛛形态。之后如果长期均线、中期均线、短期均线能够向下发散，那么行情就有可能由原来的上涨状态转为下跌状态，所以当行情出现死蜘蛛形态时，我们应该以看空为主。

**图 7-18　PP2205 合约的 5 分钟 K 线走势图**

　　在图 7-19 所示的 IF2203 合约的日 K 线走势图中，前期行情在出现阶段性的高点（5160.0）后开始回调筑顶，此时的 5 日均线、10 日均线和 30 日均线由原来的上涨发散状态变为横盘收缩状态。当 5 日均线、10 日均线和 30 日均线相交出现的 3 个死叉重合在一个点时，就出现了死蜘蛛形态，这是典型的在筑顶结束后行情将要下跌的信号，此时我们尽量以做空为主。如果在出现死蜘蛛形态后，5 日均线、10 日均线和 30 日均线能向下发散，那么下跌的可信度就更高。

**图 7-19　IF2203 合约的日 K 线走势图**

在图 7-20 所示的红枣 2205 合约的日 K 线走势图中，在前期的上涨行情里，5 日均线、10 日均线和 30 日均线呈向上发散的状态。价格在上涨到阶段性的高点（18180）后开始回调，此时 5 日均线、10 日均线和 30 日均线开始横向收缩。当 5 日均线、10 日均线和 30 日均线相交形成的 3 个死叉集中在一个点时，就出现了死蜘蛛形态，此时我们的交易思路是以做空为主。死蜘蛛形态在任何周期中都适用，周期越长，死蜘蛛形态的稳定性越好。

图 7-20　红枣 2210 合约的日 K 线走势图

# 第 8 章

## 实战案例全程解析

期货市场中有两种类型的投资者。一类是把期货交易看得很复杂的投资者，这类投资者的交易界面看上去很丰富，能放的指标都在里面。这类投资者还经常质疑专业操盘手的交易界面为什么如此简单。其实我们形成对期货交易的认知需要一个过程，在刚进入期货市场时，总以为参考数据越多越好，哪种技术都想使用，这就导致想把所有自己会的技术及指标都体现在界面上。但是期货技术和指标有的时候会发生冲突，可能一种技术或者指标提示做多，而另外一种技术或者指标提示做空，当出现这种情况时你就难以选择。随着交易技术的不断提升和交易经验的不断积累，我们发现，其实期货交易越简单越好，能做到只用某一种技术及指标就能完成整个交易流程，那才是真正地把期货交易做到了极致。这时我们才明白其实做期货并不难，也没那么复杂，每天所要做的就是"不断地重复简单的动作"。

另外一类投资者正好相反，把期货交易看得非常简单，简单到上午开户下午就敢进场交易。这类投资者不是在做期货，而是把期货当作了一个赌博的平台，每天都在赌，总是认为反正行情除了上涨就是下跌，上涨和下跌各占50%。这类投资者每次进场都只能靠运气，运气可以今天有、明天有，不可能天天有，所以他们最终的命运就是被淘汰。如果做期货不需要技术，人人都可以做，那么门槛就太低了，所以投资者应认真地学好技术，把交易过程中的每一个环节都做到标准化。比如，在什么条件下进场，在什么条件下止损，在什么条件下止盈，等等。在交易的每个环节都有自己的标准，这样投资者就把自己的交易逻辑和技术构建成了交易系统。笔者在本章应广大投资者的强烈要求，把如何发现机会、如何进场等实战技巧分步骤地讲解给大家。

# 8.1　黄金支撑阻挡转换的全程解析

在图 8-1 所示的黄金 2212 合约的 5 分钟 K 线走势图（一）中，前期的行情属于上涨行情，价格一路上涨，出现了一个阶段性的高点平台（圆圈处），随后回落。但是 30 日均线的方向并没有走坏，笔者之前讲过，30 日均线的运行方向可以作为我们交易的方向。当价格回落到 30 日均线附近并受到支撑时，出现了阶段性的高点平台（圆圈处），笔者先画了一条水平线，然后就是等待。等待什么？等待价格突破高点就做多，等待价格跌破低点就做空。如果价格一直在高低点之间运行，我们就一直观望。当价格突破前期高点的时候（箭头处），我们就进场做多。

图 8-1　黄金 2212 合约的 5 分钟 K 线走势图（一）

在图 8-2 所示的黄金 2212 合约的 5 分钟 K 线走势图（二）中，价格突破了前期的高点，我们进场做多，只要价格一直在此高点之上，我们就可以一直持有。这个时候我们要注意一点，就是支撑作用与阻挡作用的转换。在上涨途中，前方的高点会对价格起到阻挡作用；在下跌途中，前方的低点会对价格起到支撑作用。在图 8-2 中，之前的高点被突破，价格涨至此高点之上，此时它对价格的作用就由原来的阻挡作用变成了支撑作用。当价格回调到前期高点附近时，前期高点就会对价格起到支撑作用，此前如果你没有进场做多，就可以以价格受到前期高点的支撑为依据进场做多，笔者更喜欢在此位置上多单加仓。

**图 8-2　黄金 2212 合约的 5 分钟 K 线走势图（二）**

在图 8-3 所示的黄金 2212 合约的 5 分钟 K 线走势图（三）中，我们可以看到，行情在受到前方高点的支撑后一路上涨。其实在 30 日均线保持倾斜向上的情况下，我们可以一直保持多头思维。不要把期货交易看得太复杂，只要把一两种技术或者指标运用好了，就可以完成整个交易过程。

图 8-3　黄金 2212 合约的 5 分钟 K 线走势图（三）

# 8.2　苯乙烯大阳支撑做多的全程解析

在图 8-4 所示的苯乙烯 2210 合约的 5 分钟 K 线走势图（一）中，前半部分行情出现了宽幅震荡下跌，之后在出现了一个死蜘蛛形态后开始下跌，这个死蜘蛛形态其实也是一个断头铡刀做空形态。很多时候两个或者两个以上的做空形态或者做多形态同时出现或者重叠，其传达的下跌或者上涨的信号更强烈。在价格下跌的过程中，长期均线、中期均线、短期均线呈现发散状态，此时我们的交易思路应以做空为主。

图 8-4　苯乙烯 2210 合约的 5 分钟 K 线走势图（一）

在图 8-5 所示的苯乙烯 2210 合约的 5 分钟 K 线走势图（二）中，在价格经过持续的下跌后，行情的底部出现了一根大阳线，当然此时我们并不知道行情已经到了一个阶段性的底部，或者只是下跌途中的一个大阳线反弹。我们所要做的就是在这根大阳线的高低点处各画一条水平线，在画好这两条线后等待。等待什么？等待价格突破这根大阳线的高点，之后就进场做多；等待价格跌破这根大阳线的低点，之后就进场做空。

**图 8-5　苯乙烯 2210 合约的 5 分钟 K 线走势图（二）**

在图 8-6 所示的苯乙烯 2210 合约的 5 分钟 K 线走势图（三）中，在我们画好这根大阳线高低点处的水平线后，价格突破了这根大阳线的高点，此时我们就以这根大阳线的高点被突破为依据进场做多。期货交易很多时候不是进得越早越好，而是要进得恰到好处。就以这次依据大阳线的高点被突破进场为例，如果此波上涨行情成立，那么这根大阳线刚好就是这波上涨行情的启动点。

在图 8-7 所示的苯乙烯 2210 合约的 5 分钟 K 线走势图（四）中，刚刚我们依据一根大阳线的高点被突破进场做多，只要价格一直处在这根大阳线的高点之上，我们就一直持有这笔多单。价格每次回调到这根大阳线的高点附近并受到支撑，都是我们进场做多的机会。期货交易看似简单，其实需要投资者经过长期学习与实盘交易来总结经验。期货小白在刚刚进入期货市场的时候，一定要努力学习技术，如果没有资金做实盘，就从模拟交易做起，可能你的努力付出并不一定代表一定就会成功，但是如果你不努力，就连成功的机会都没有。

图 8-6　苯乙烯 2210 合约的 5 分钟 K 线走势图（三）

图 8-7　苯乙烯 2210 合约的 5 分钟 K 线走势图（四）

# 8.3　硅铁三跌底背离做多的全程解析

在图 8-8 所示的硅铁 2210 合约的 5 分钟 K 线走势图（一）中，行情在经过横盘整理后出现了阶段性的高点（7924），之后经过两次下跌最低跌至 7632。在这两次下跌中，下面的 MACD 指标中快慢线的低点也随着行情的下跌而下移。通过对以上特征的分析，我们可以看出此时的行情属于典型的下跌趋势，我们的交易思路应以做空为主。当价格反弹到一个压力位并受到阻挡时，我们就可进场做空。

图 8-8　硅铁 2210 合约的 5 分钟 K 线走势图（一）

在图 8-9 所示的硅铁 2210 合约的 5 分钟 K 线走势图（二）中，行情在经过两轮下跌后出现了反弹，随后反弹到 30 日均线附近并受到阻挡，此时就是进场做空的最佳机会。行情在受到 30 日均线的阻挡后再次下跌，最低跌至 7522。此时我们发现，行情继续创新低，下面的 MACD 指标中快慢线的低点却不能随之下移，我们可以初步判断行情要止跌，接下来行情可能反弹，甚至反转。此时如果投资者持有空单，可以适当地减仓；如果投资者没有空单，可以根据行情下一步的发展择机做多。

**图 8-9　硅铁 2210 合约的 5 分钟 K 线走势图（二）**

在图 8-10 所示的硅铁 2210 合约的 5 分钟 K 线走势图（三）中，行情走出了 3 波下跌，也就是波浪理论的 5 浪下跌。在行情走完 5 浪上涨或 5 浪下跌后，如果 MACD 顶背离或者底背离形态出现，那么此次上涨或者下跌的行情就有可能中途休息，甚至结束。在图 8-10 中，行情在走完 5 浪下跌后出现了 MACD 指标的底背离。那么只要行情中出现做多信号（底部的锤头线、活蜘蛛形态、"一箭三雕"形态等），我们就可以进场做多。

**图 8-10　硅铁 2210 合约的 5 分钟 K 线走势图（三）**

# 8.4　硅铁中轨金叉做多的全程解析

在图 8-11 所示的硅铁 2211 合约的 60 分钟 K 线走势图（一）中，前半部分为窄幅震荡行情。在窄幅震荡行情中，布林通道的上轨和下轨呈收缩状态，K 线围绕着布林通道的中轨上下运行。当价格持续在布林通道的中轨和上轨之间运行，并且布林通道的上轨和下轨呈逐渐开口的状态，中轨的运行方向开始向上倾斜时，我们可以进场做多。这里有几点要注意：①要想价格能够持续在布林通道的中轨和上轨之间运行，笔者认为最少有 6 根 K 线收到布林通道中轨的上方；②布林通道的上轨和下轨开始张开。

**图 8-11　硅铁 2211 合约的 60 分钟 K 线走势图（一）**

在图 8-12 所示的硅铁 2211 合约的 60 分钟 K 线走势图（二）中，价格在布林通道的中轨和上轨之间向上运行。当价格回调到布林通道的中轨附近，并且下方的 MACD 指标中出现死叉的时候，我们就要警惕了。如果布林通道的中轨对价格起不到支撑作用，那么只要价格跌破布林通道的中轨，持有多单的投资者就要减仓，甚至平仓，没有多单的投资者就要根据行情的进一步发展择机进场做空。

**图 8-12　硅铁 2211 合约的 60 分钟 K 线走势图（二）**

在图 8-13 所示的硅铁 2211 合约的 60 分钟 K 线走势图（三）中，价格真的和之前预期的一样，跌破了布林通道的中轨，并且以一个缺口的方式跌破。在行情走势中，缺口一般分为突破缺口、持续缺口和衰竭缺口。本案例中的缺口属于突破缺口，突破缺口也可以被理解为行情下跌开始的第一个缺口。缺口的空间越大，行情下跌的可能性越大，一般在出现各种缺口后行情都有一个回补的动作。此时我们不要一看到行情出现了缺口就立刻进场做空，还要再看一下行情下一步的发展是回补缺口还是直接下跌。

**图 8-13　硅铁 2211 合约的 60 分钟 K 线走势图（三）**

在图 8-14 所示的硅铁 2211 合约的 60 分钟 K 线走势图（四）中，价格以跳空缺口的方式跌破布林通道的中轨，并且 MACD 指标中同步出现了死叉。我们在交易中一定要将最少两种技术或者指标配合才能进场，这样进场的成功率较高。当缺口无法回补时，我们可以进场做空。只要价格一直在布林通道的中轨和下轨之间运行，我们就一直持有空单。

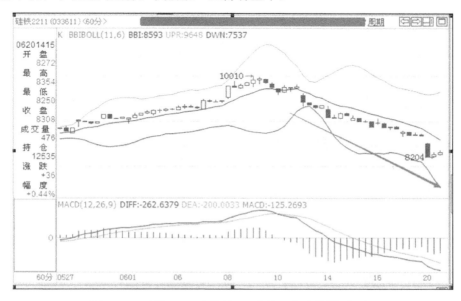

图 8-14　硅铁 2211 合约的 60 分钟 K 线走势图（四）

# 8.5　尿素多头行情做空的全程解析

在图 8-15 所示的尿素 2301 合约的 60 分钟 K 线走势图（一）中，行情的低点不断地抬高（圆圈处），行情的高点也不断地抬高，这是一个典型的上涨行情。在上涨行情中，只要行情的低点能不断地抬高，我们就一直要保持做多的思维。低点的不断抬高意味着行情一直在上涨，我们要做的就是当价格回调到支撑位并受到支撑时进场做多，这里所说的支撑位包括均线、颈线、趋势线、前期的高低点等。

图 8-15　尿素 2301 合约的 60 分钟 K 线走势图（一）

在图 8-16 所示的尿素 2301 合约的 60 分钟 K 线走势图（二）中，价格在经过持续的上涨后最高涨至 2346，之后开始回调。当上涨行情出现回调时，我们可以关注行情最近的低点（水平线处），分析最近的低点对行情是否能起到支撑的作用。当前期的低点对价格起到支撑作用时，我们继续看多；如果价格跌破前期的低点，就意味着上涨行情典型的特征不存在了，此时我们就要转换交易思路，要以前期的低点被跌破为依据进场做空。

图 8-16　尿素 2301 合约的 60 分钟 K 线走势图（二）

在图 8-17 所示的尿素 2301 合约的 60 分钟 K 线走势图（三）中，K 线已经跌破上涨行情最近的低点，如果接下来的行情不能回到前期上涨行情低点的上方，我们就可以以此为依据进场做空。在实际交易中，会出现某一支撑位或者阻力位对行情多次支撑或者阻挡的情况，一般某一支撑位或阻力位在支撑或阻挡 3 次以上后，其支撑或者阻挡不住的可能性会加大，尤其在支撑或阻挡 4 次以上后，其支撑或者阻挡的风险更大。因为任何趋势都不可能永久不变，只能在一定时间内保持不变，就像用大锤凿墙一样，在同一个地方凿一次两次，墙不会破，但是在同一个地方不停地凿，这面墙迟早会破。

**图 8-17　尿素 2301 合约的 60 分钟 K 线走势图（三）**

在图 8-18 所示的尿素 2301 合约的 60 分钟 K 线走势图（四）中，价格在跌破前期的低点后连反弹的动作都没有就开始下跌，意味着下跌的动能非常强。如果我们没来得及进场，就切勿追单，错过了最佳进场点位的最好应对方法就是放弃此次交易，这样才能让资金更安全。期货交易是否能稳定获利，主要看胜率和盈亏比，追单直接带来的问题就是盈亏比被拉低，可能你刚刚进场行情就出现了回调，甚至直接触发你的止损。笔者如果在实际交易中错过了行情，基本就放弃了，因为只要你在技术上没问题，就天天都有机会进场。

**图 8-18　尿素 2301 合约的 60 分钟 K 线走势图（四）**

# 8.6　短纤死蜘蛛做空的全程解析

　　死蜘蛛形态的特征是：5 日均线、10 日均线、30 日均线（采用 20 日均线也可以，根据个人的交易习惯而定）从上往下相交，形成 3 个死叉，而这 3 个死叉又在一个点上。变异的死蜘蛛形态的特征就是，3 条均线交叉形成的 3 个死叉不在一个点上，但是在 3 根 K 线的区间范围内。当行情出现死蜘蛛形态时，后市以做空为主。

　　在图 8-19 所示的短纤 2211 合约的 5 分钟 K 线走势图（一）中，价格从最低点 7214 开始上涨，在上涨的过程中，行情的高点不断抬高，行情的低点也不断地抬高，并且均线是倾斜向上的，K 线在 10 日均线上方运行，从以上特征我们不难看出此时的行情是非常标准的上涨行情，并且还是强势上涨行情。当行情上涨到 7616 时，价格跌破 10 日均线，并且 5 日均线下穿 10 日均线，形成了一个死叉。此时我们如果持有多单，可以少量减仓，但不用全部平仓，根据行情的下一步运行再做打算。

图 8-19　短纤 2211 合约的 5 分钟 K 线走势图（一）

在图 8-20 所示的短纤 2211 合约的 5 分钟 K 线走势图（二）中，行情在上涨到阶段性的高点（7616）后开始回调，此时我们只能认为它是回调而不是反转。价格回调跌破 10 日均线，但是又受到了 30 日均线的支撑，此时我们如果持有多单，可以少量减仓。从形态上看，行情在上涨的阶段形成了高低点，我们现在所要做的就是在高低点处各画一条水平线。在将这两条线画好后，我们的交易思路就清晰了：当行情突破高点处的水平线时做多，当行情跌破低点处的水平线时做空。

图 8-20　短纤 2211 合约的 5 分钟 K 线走势图（二）

在图 8-21 所示的短纤 2211 合约的 5 分钟 K 线走势图（三）中，我们在画好两条水平线后，所要做的工作就是等待。等待是交易中非常重要的一部分。我们做期货的目的是什么？赚钱。怎么做期货才能赚钱？进场后等待行情走出趋势。那么当行情没有趋势或者没有明显的进场信号和机会时，我们所要做的就是等待。等待什么？等待符合你进场条件的信号和机会出现。

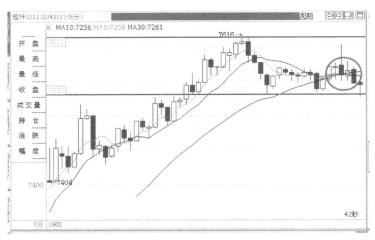

图 8-21　短纤 2211 合约的 5 分钟 K 线走势图（三）

等待就意味着没有明确的趋势行情，从技术面看图 8-21 所示的内容，当前的行情上有阻挡下有支撑，这意味着什么？意味着行情可能进入了震荡阶段，当多头能量和空头能量势均力敌的时候，行情就会进入震荡阶段。在行情进入震荡阶段时，我们做多或者做空都没有太大的意义，因为行情在短期内失去了方向，下一步可能上涨，也可能下跌，我们在震荡行情中无论是做多还是做空，都可能亏损。

进行期货交易要看趋势，等趋势明朗了，我们再做进场的选择。等待同时也是执行能力的一种体现。现在很多投资者管不住自己的手，下单太随意，总以为手上持仓才叫作进行期货交易，但是你持有的头寸不能给你带来盈利，即使持有再多的头寸也没有任何意义。

在图 8-21 中，价格一直在高低点之间运行，我们就一直等待。当行情出现 5 日均线下穿 10 日均线、10 日均线下穿 30 日均线、5 日均线下穿 30 日均线的死蜘蛛形态（圆圈处）时，我们也不要急，因为如果做空最好等价格跌破前期的低点，这才是趋势行情的开始。

在图 8-22 所示的短纤 2211 合约的 5 分钟 K 线走势图（四）中，行情在上涨到阶段性的高点后，开始了短暂的横盘整理，并且在阶段性的高点和低点之间形成了一个 5 日均线下穿 10 日均线、10 日均线下穿 30 日均线、5 日均线下穿 30 日均线的死蜘蛛形态，之后跌破前期的低点。此时我们应以行情出现死蜘蛛形态和行情跌破前期的低点为依据进场做空。

**图 8-22  短纤 2211 合约的 5 分钟 K 线走势图（四）**

此时会有投资者问："如果我持有多单，该怎么处理？"如果价格跌破了前期上涨行情的低点，笔者的交易习惯是将多单全部平仓。上涨行情最重要的特点就是高点在不断地抬高，低点也在不断地抬高，那么低点不能继续抬高就意味着上涨行情暂时不在了。上涨行情都不存在了，你还持有多单有什么意义呢？在图 8-23 所示的短纤 2211 合约的 5 分钟 K 线走势图（五）中，如果你没有多单，当价格跌破上涨行情前期的低点且行情出现死蜘蛛形态时，可以持空单进场。当然，持有多单的投资者也可以先平掉多单，然后持空单进场。

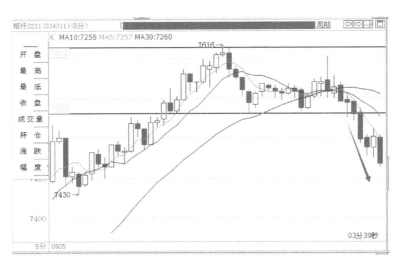

**图 8-23　短纤 2211 合约的 5 分钟 K 线走势图（五）**

很多时候价格在跌破前期的低点后，都会有一个回调的动作。在图 8-24 所示的短纤 2211 合约的 5 分钟 K 线走势图（六）中，当价格在阶段性的低点上方时，此低点对价格起到一个支撑作用。但是当价格在跌破此低点后，再次上涨到此低点附近时，此低点对价格的作用就由原来的支撑作用转换为阻挡作用。当价格回调到前期的低点附近并受到阻挡时，我们就以价格受到前期低点的阻挡为依据进场做空。

**图 8-24　短纤 2211 合约的 5 分钟 K 线走势图（六）**

在图 8-25 所示的短纤 2211 合约的 5 分钟 K 线走势图（七）中，价格反弹到前期上涨行情阶段性的低点附近并受到了阻挡，之后一路下跌，此时我们就可以进场做空。这个案例是一个典型的顺势交易的案例，在期货交易中如果你想长期在市场中生存，就要做到顺势而为。顺势交易的字面意思就是顺着当前趋势的方向进行交易。在图 8-25 中，我们不难发现，在价格受到前期低点的阻挡时，前期的高点已经在不断地降低了。笔者之前讲过，下跌趋势最重要的特征就是高点不断地降低，低点也不断地降低。既然当前行情已经形成典型的下跌趋势，那么我们依据价格受到前期低点的阻挡进场做多就是非常好的顺势交易。

图 8-25　短纤 2211 合约的 5 分钟 K 线走势图（七）

# 8.7　螺纹发现日内进场机会的全程解析

笔者在第 3 章给大家讲了如何快速找出当天日内机会品种，当天日内机会品种具有几个重要特点。首先，日内行情波动大。只有行情波动大的品种在一天内才会有上涨和下跌的空间，有空间投资者才能有获利的机会。如果某一品种的日内行情波动幅度小，就不太适合做日内交易。其次，在小周期行情中，K 线要足够饱满。因为期货短线交易主要通过技术分析来进出场，技术分析最重要的分析标的就是 K 线图，如果 K 线图中的 K 线形态不饱满，那就没有办

法通过 K 线的形态来寻找买卖点。最后，同类品种要有联动性。同类品种涨
跌互现，意味着同类品种没有一个整体的方向，或者其他品种都上涨，你关注
的品种下跌。此时如果你进场做空，很难获利。根据以上几点我们可以找出当
前行情中哪些是机会品种，然后通过分时图寻找最佳的进场机会。

　　我们以热门品种螺纹为例进行说明。在图 8-26 所示的螺纹 2305 合约的日
K 线走势图（一）中，我们看到螺纹 2305 合约在 2022 年 7 月 4 日的最高点是
4239，最低点是 4076，当天的最大波动幅度是 163 点。俗话说："期货交易不
吃鱼头、鱼尾，只吃鱼身"，虽然螺纹 2305 合约在 2022 年 7 月 4 日的最大波
动幅度高达 163 点，但如果我们的技术没问题，当天获得约 50% 的利润，也就
是大约 80 点的利润，完全可以做到。

**图 8-26　螺纹 2305 合约的日 K 线走势图（一）**

　　在图 8-27 所示的螺纹 2305 合约的日 K 线走势图（二）中，螺纹 2305 合
约在 2022 年 7 月 15 日的最高点是 3684，最低点是 3469，当天的最大波动幅
度为 215 点，比 2022 年 7 月 4 日的波动幅度还要大。日内波动幅度平均在 100
点以上的品种，在一天之内很容易走出趋势行情，这样的品种是进行日内交
易的首选。

**图 8-27　螺纹 2305 合约的日 K 线走势图（二）**

在图 8-28 所示的螺纹 2305 合约的 5 分钟 K 线走势图（一）中，无论是行情上涨时顶部的"射击之星"（圆圈处），还是行情在受到前期低点的支撑后上涨时底部的大阳线（方框处），其基本形态都保持完整。我们可以通过明显的 K 线形态判断出，上涨的行情在出现"射击之星"后有可能滞涨，甚至下跌，也可以通过底部的大阳线判断行情有可能上涨。尤其是在 3 分钟、5 分钟、15 分钟的行情走势中，只有 K 线的形态完整、饱满，投资者才可能根据 K 线形态所表达的含义来寻找买卖点。

我们在通过品种日内的波动幅度，以及行情中 K 线的形态选择出适合做日内交易的品种后，接下来就要根据品种间的关联性，进一步地筛选当天可能出现进场机会的品种。

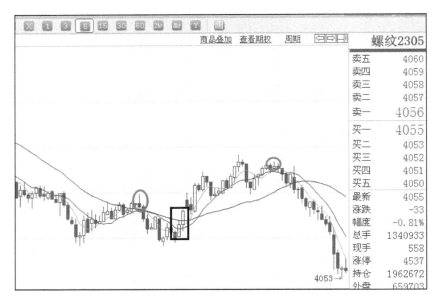

图 8-28　螺纹 2305 合约的 5 分钟 K 线走势图（一）

　　投资者在交易中应尽量把同类相关联的品种放到一个界面，这样才能更直观地观察它们之间的联动情况。在图 8-29 所示的螺纹、热卷、铁矿石的联动图中，由于螺纹、热卷、铁矿石属于同一类品种，所以它们一般的走势以同向运行为主。如果当天同类品种同向运行的联动性比较强，我们应重点关注。

　　螺纹、热卷、铁矿石的前期为同步下跌行情，它们之间的联动性非常好，螺纹在下跌至 3993 后开始上涨，同时热卷和铁矿石也随着螺纹的上涨而上涨，这就意味着当天螺纹、热卷、铁矿石的联动性非常好。如果螺纹出现进场做多的机会，再有热卷和铁矿石的配合，当天很可能会走出一波上涨行情。但是，如果螺纹、热卷、铁矿石当天的联动性不好，比如螺纹上涨，但是热卷和铁矿石并没有随之上涨，那么即使螺纹出现上涨信号，也很难持续。因为当天同类品种之间的联动性差，螺纹的上涨很可能被热卷和铁矿石的下跌拉下来。所以我们在实际交易中，要尽量找当天联动性好的同类品种进行交易。

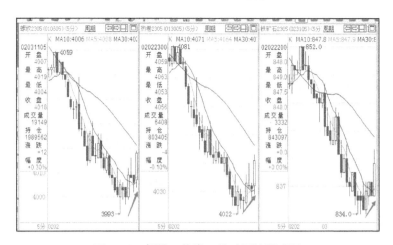

图 8-29　螺纹、热卷、铁矿石的联动图

在图 8-30 所示的螺纹 2305 合约的 5 分钟 K 线走势图（二）中，由于当天螺纹、热卷、铁矿石的联动性非常好，螺纹很容易走出一波上涨行情，所以当螺纹出现上涨信号时我们就进场。我们在寻找日内可能出现趋势行情的机会品种时，可以根据笔者刚刚讲的特点进行筛选：首先找波动幅度大、在小周期内 K 线足够饱满的；然后找当天同类品种联动性好的。如果分时图也能配合，那就更加完美了。

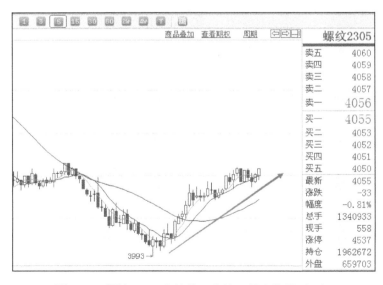

图 8-30　螺纹 2305 合约的 5 分钟 K 线走势图（二）

在图 8-31 所示的螺纹 2305 合约的分时图中，当天螺纹、热卷、铁矿石同步下跌、同步上涨，意味着当天 3 个品种的联动性非常好，日内很可能出现趋势行情。此时如果分时图中的价格线能有效突破均价线，我们就可以以此为依据进场做多。

温馨提示：我们在实际交易中一定不要只用单一技术指标来判断进场点，一定要将多种技术指标结合着使用。笔者只是针对某一技术指标给大家进行讲解，自己在实际交易中也是将多种技术指标配合在一起的，当各种技术指标都提示有进场机会时才进场。

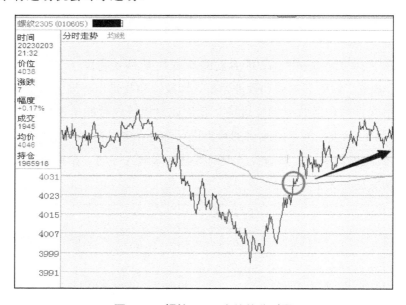

图 8-31　螺纹 2305 合约的分时图

# 8.8　PVC 上涨行情末期做空的全程解析

上涨行情的重要特征是价格在每次上涨后回调的低点在不断地抬高，只要新低点在一直抬高，就意味着上涨行情不变。当上涨行情中回调的低点跌破了前期的低点时，就意味着上涨行情有可能终结。即使上涨行情不终结，也可能滞涨，此时就是我们考虑进场做空的时候。

　　在图 8-32 所示的 PVC2305 合约的 5 分钟 K 线走势图（一）中，行情的低点不断地在上移，此为标准的上涨行情的特征。此时如果投资者持有多单，可以继续持有。但是任何行情都不能永久地持续，当上涨行情的低点被跌破时，就是我们进场做空的机会。

**图 8-32　PVC2305 合约的 5 分钟 K 线走势图（一）**

　　在图 8-33 所示的 PVC2305 合约的 5 分钟 K 线走势图（二）中，前期行情的低点在不断地抬高，代表这是典型的上涨行情。此时如果投资者持有多单，可以继续持有；如果空仓，可以等待机会。当价格下跌到前期的低点附近（方框处）时，我们的交易思路是在价格跌破前期的低点时进场做空，如果价格受到前期低点的支撑，我们就继续以做多为主。也就是说，前期的低点是当前行情的多空分水岭，低点上看多，低点下看空。

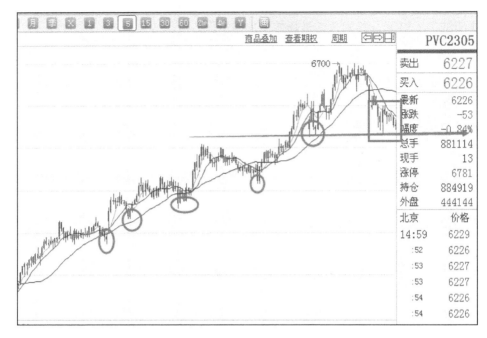

**图 8-33　PVC2305 合约的 5 分钟 K 线走势图（二）**

在图 8-34 所示的 PVC2305 合约的 5 分钟 K 线走势图（三）中，上涨行情曾一度回调到前期的低点，并受到前期低点的支撑。此时只要行情不跌破前期的低点，我们就一直保持多头思路；当行情跌破前期的低点时（方框处），我们就可以进场做空。一般笔者遇到这种行情都会小单尝试，投资者尽量不要一次重仓进场，可以先小单尝试，如果确定行情跌破前期的低点，再加仓。此时进场做空的好处在于损失小，盈利空间大，因为行情第一次跌破前期的低点，并且处在典型的下跌趋势的启动初期。但是，再好的进场机会也要防止行情的不配合。所以无论在什么时候进场，一定要设好止损。

在图 8-35 所示的 PVC2305 合约的 5 分钟 K 线走势图（四）中，如果我们在前期行情跌破最近的低点时（圆圈处）进场，可能会止损，但是损失相对比较小。我们在止损后应继续观望，当价格再次跌破前期的低点（方框处）时，我们要积极地进场，当然还要防备行情的突变，在第一时间设置好止损。

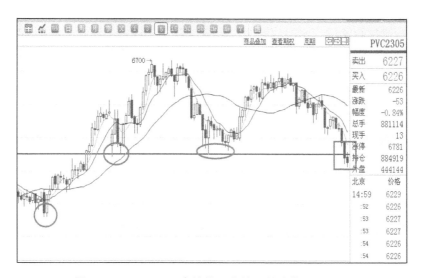

图 8-34　PVC2305 合约的 5 分钟 K 线走势图（三）

图 8-35　PVC2305 合约的 5 分钟 K 线走势图（四）

　　在图 8-36 所示的 PVC2305 合约的 5 分钟 K 线走势图（五）中，我们可以看到此次跌破属于真跌破，行情由原来的多头行情转为空头行情。我们在交易中一定不要害怕止损，因为止损是我们在期货交易中必须支付的交易成本，而且止损也是一次试错的过程，我们用小的损失来博取可能出现的大行情，这就是期货交易的本质。就像钓鱼一样，每次都要付出鱼饵，但是并不是每次都有收获，一旦有鱼上钩，收益就完全可以覆盖鱼饵的成本。我们在价格假跌破前期的低点时可能会止损一次，如果我们还坚持进场做空，将会有不错的收益，而且收益完全可以覆盖之前的那次止损，甚至几次止损的成本。

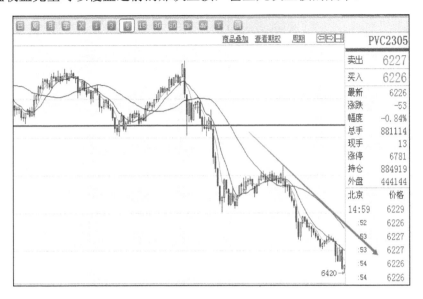

图 8-36　PVC2305 合约的 5 分钟 K 线走势图（五）

# 8.9　沪深 300 首 K 做空的全程解析

首 K 做多法和首 K 做空法是两种既简单又实用的交易方法，非常适合刚刚进入期货市场的投资者。其将开盘后 30 分钟周期第一根 K 线实体高低点的突破或者跌破作为进场信号，准确率非常高，而且容易操作。首先我们通过实际案例看一下 30 分钟周期第一根 K 线实体高低点被突破或者被跌破，在实际行情中成功率大概有多少。

在图 8-37 所示的豆油 2305 合约的 30 分钟 K 线走势图中，3 个圆圈处分别是 3 个交易日 30 分钟周期内的第一根 K 线。从走势图中我们可以看出，当30 分钟周期内的第一根 K 线实体的高点被突破或者低点被跌破时，行情都会出现一波或大或小的上涨或者下跌。

图 8-37  豆油 2305 合约的 30 分钟 K 线走势图

在图 8-38 所示的 PP2305 合约的 30 分钟 K 线走势图中，4 个圆圈处的 K 线是开盘后 30 分钟周期内的第一根 K 线。开盘后 30 分钟周期内的第一根 K 线实体的高低点被突破或者被跌破，都预示着将有一波趋势行情，当然这也不是绝对的。笔者通过观察豆油 2305 合约和 PP2305 合约的 30 分钟 K 线走势图发现，在 30 分钟周期内首根 K 线之后出现趋势行情的概率还是比较高的，所以投资者在实际交易中可以运用此方法进场。

图 8-38  PP2305 合约的 30 分钟 K 线走势图

在图 8-39 所示的 IF2303 合约的 30 分钟 K 线走势图（一）中，行情在开盘 30 分钟后出现了第一根 K 线。此时如果你想运用首根 K 线做单，首先要做的就是在 30 分钟周期内第一根 K 线实体的高点和低点处各画一条水平线，然后等待行情向上突破或者向下跌破。如果行情向上突破则做多；如果行情向下跌破则做空。

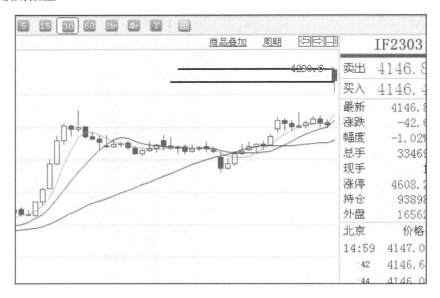

图 8-39　IF2303 合约的 30 分钟 K 线走势图（一）

在图 8-40 所示的 IF2303 合约的 30 分钟 K 线走势图（二）中，在 30 分钟周期内首根 K 线实体的低点被跌破后，我们就可以通过首根 K 线进场做空。在实际交易中，当进场信号出现时，我们不要犹豫，应立即进场。当然，无论进场的胜算有多大，都达不到百分之百的概率。我们所要做的就是防止意外出现，第一时间设置好止损，等待行情的进一步发展。

在图 8-41 所示的 IF2303 合约的 30 分钟 K 线走势图（三）中，我们以行情跌破 30 分钟周期内首根 K 线实体的低点为依据进场了，而后行情走出了一波下跌趋势，如果我们此时做空将有不错的收益。当我们根据大量的历史数据验证并总结出一种可行的进场方法时，一定要相信它，因为看似杂乱无章的行情其实都是在重复历史。

图 8-40　IF2303 合约的 30 分钟 K 线走势图（二）

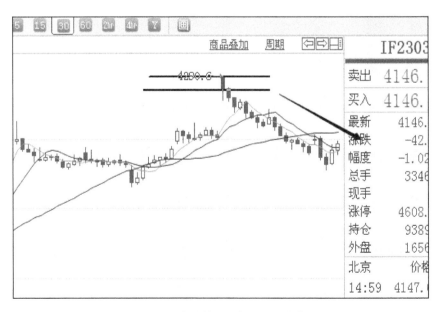

图 8-41　IF2303 合约的 30 分钟 K 线走势图（三）

# 8.10 铁矿石"三英战吕布"做空的全程解析

笔者认为,进场的方法越简单越好,进场的方法越简单,进场点越容易被发现。"三英战吕布"做空法其实属于裸K交易方法之一,被投资者广泛使用。"三英战吕布"做空法的成功率高,如果再配合顶底背离技术和波浪理论,会大大地提高进场的成功率。

在图 8-42 所示的铁矿石 2305 合约的 5 分钟 K 线走势图(一)中,行情为上涨行情,因为行情的低点在不断地抬高,这还是典型的多头行情。此时我们所要做的就是把不断抬高的低点连成一条线,形成一条上升趋势线。对应的交易思路就是:只要价格处在上升趋势线上方,我们就一直以做多为主;只有当价格跌破此条上升趋势线时,我们才考虑做空。

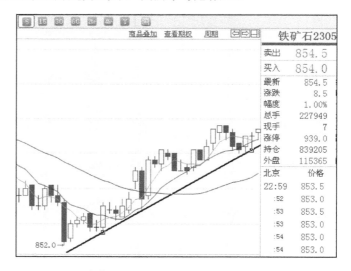

**图 8-42 铁矿石 2305 合约的 5 分钟 K 线走势图(一)**

在图 8-43 所示的铁矿石 2305 合约的 5 分钟 K 线走势图(二)中,行情在经过了 5 浪上涨后,运行到一个相对的高点,之后很可能出现回调。如果此时在顶部再出现"三英战吕布"做空法适用的形态(圆圈处),我们就要留意行情可能要下跌。在上升趋势线没有被跌破的情况下,即使出现了典型的"三英战吕布"做空法适用的形态,我们也不要进场。如果价格能有效地跌破上升趋势线，我们就可以进场做空了。

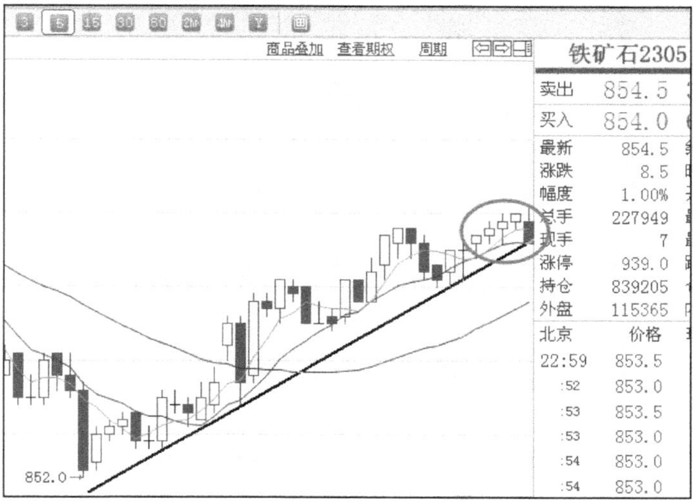

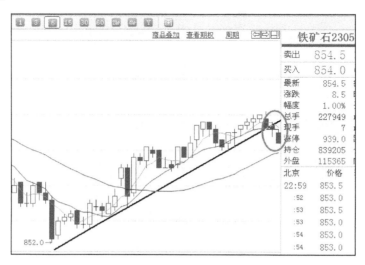

图 8-43　铁矿石 2305 合约的 5 分钟 K 线走势图（二）

在图 8-44 所示的铁矿石 2305 合约的 5 分钟 K 线走势图（三）中，在"三英战吕布"做空法适用的形态形成后，价格有效地跌破了上升趋势线，我们应该在价格跌破上升趋势线的第一时间进场做空，并设置好止损，等待行情进一步的发展。

图 8-44　铁矿石 2305 合约的 5 分钟 K 线走势图（三）

在图 8-45 所示的铁矿石 2305 合约的 5 分钟 K 线走势图（四）中，当行情顶部出现"三英战吕布"做空法适用的形态时，价格跌破了上升趋势线并持续下跌。如果此时我们第一时间进场做空，就会有不错的收益。当然，这次进场结合了波浪理论、"三英战吕布"做空法、上升趋势线被跌破的共振，提升了我们此次进场做空的成功率。

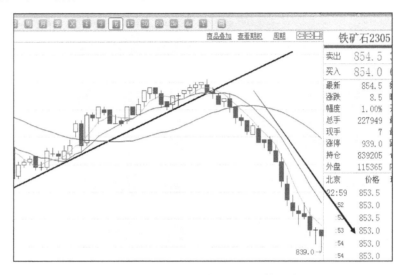

图 8-45　铁矿石 2305 合约的 5 分钟 K 线走势图（四）

# 8.11　中轨死叉做空的全程解析

中轨死叉做空法是指通过布林通道和 MACD 指标的配合来进场做空的方法。当价格跌破布林通道的中轨和 MACD 指标中的死叉先后出现时，就是一次绝佳的进场做空机会。

在图 8-46 所示的棉花 2305 合约的 5 分钟 K 线走势图（一）中，我们可以看到价格突破了布林通道的中轨（圆圈处）。价格突破布林通道的中轨，或者跌破布林通道的中轨，是进场做多或者做空的信号。只是当单一的技术指标出现进场信号时，进场的成功率并不高，所以至少要两种技术指标都出现进场信号，我们进场的成功率才会高。价格在突破布林通道的中轨后一路上涨，在中轨和上轨之间运行，此时如果我们没有多单，就以观望为主。

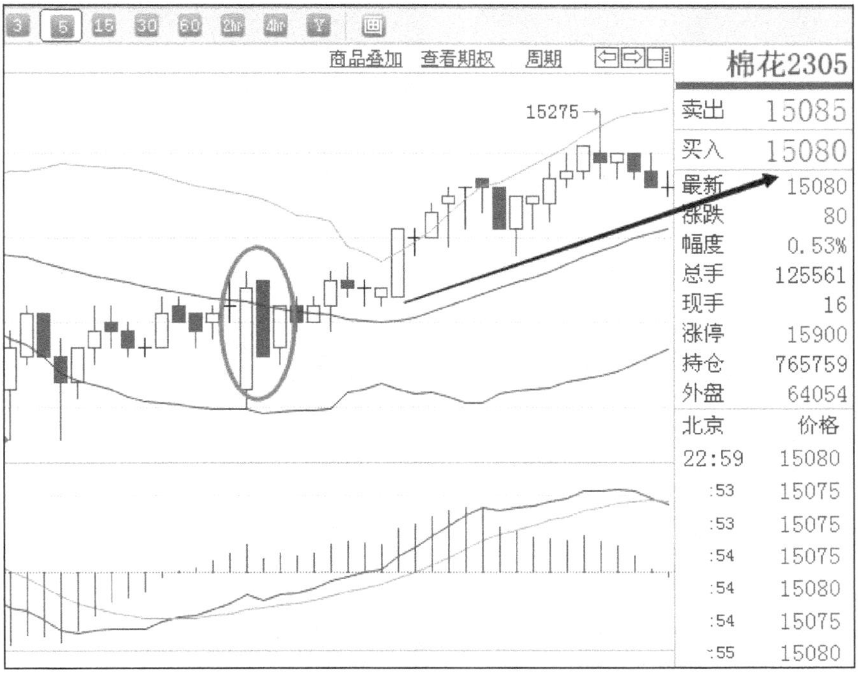

图 8-46　棉花 2305 合约的 5 分钟 K 线走势图（一）

在图 8-47 所示的棉花 2305 合约的 5 分钟 K 线走势图（二）中，MACD 指标中出现了死叉（下方圆圈处），紧接着价格跌破布林通道的中轨（上方圆圈处），此时就满足了中轨死叉做空法的两个条件。但是我们一定要等到价格有效跌破布林通道的中轨时才能进场做空。如果接下来价格无法回到布林通道的中轨之上，我们就可以进场。

在图 8-48 所示的棉花 2305 合约的 5 分钟 K 线走势图（三）中，在 MACD 指标中出现死叉和价格跌破布林通道的中轨这两个中轨死叉做空法适用的条件出现后，价格无法回到布林通道的中轨之上（圆圈处）。此时我们应以此为依据进场做空，并在第一时间内设置好止损，等待行情进一步发展。

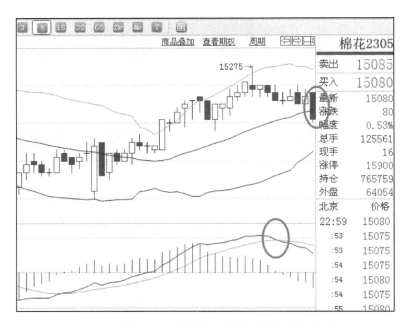

图 8-47　棉花 2305 合约的 5 分钟 K 线走势图（二）

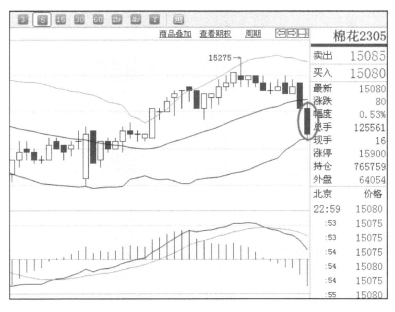

图 8-48　棉花 2305 合约的 5 分钟 K 线走势图（三）

在图 8-49 所示的棉花 2305 合约的 5 分钟 K 线走势图（四）中，在根据布林通道的中轨被跌破和 MACD 指标中出现死叉进场做空后，价格一直处在布林通道中轨的下方。价格每次反弹到中轨附近都会受到阻挡，意味着下跌趋势形成。只要价格不突破布林通道的中轨，我们就一直持有这笔空单。

图 8-49　棉花 2305 合约的 5 分钟 K 线走势图（四）

# 8.12　三金（死）叉技术指标合理使用的全程解析

笔者在 2018 年出版的《期货日内短线复利密码》一书中讲过三金（死）叉做多（空）法和"一箭三雕"做多法，很多读者咨询怎样才能提高成功率。单独地根据一个技术指标进场，其进场成功率相对来讲是比较低的。所以投资者一定要将两种及两种以上的技术指标结合使用，以提升进场的成功率。下面笔者用实际案例为大家讲解如何通过其他技术指标的配合，让三金（死）叉做多（空）法及"一箭三雕"做多法提高成功率。

在图 8-50 所示的白糖 2305 合约的 5 分钟 K 线走势图中，当三死叉出现时，下面的 MACD 指标中出现死叉，此时通过三死叉进场做空的胜算就会变大。两个进场条件共振，大大提高了我们进场的成功率。如果在行情出现三死叉的前后，MACD 指标中出现死叉，那么建议投资者尽量不要操作。

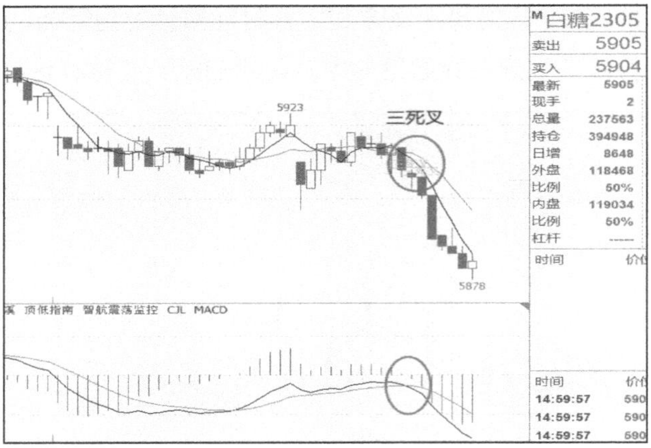

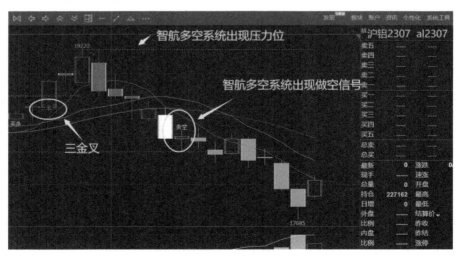

图 8-50　白糖 2305 合约的 5 分钟 K 线走势图

在图 8-51 所示的沪铝 2307 合约的日 K 线走势图中，这是一个失败的运用三金叉的案例。当三金叉出现的时候，我们可以看到智航多空系统出现了一个明显的压力位。在三金叉出现之后，紧接着智航多空系统就出现了做空信号。这种短期内两个技术指标的信号前后矛盾的现象，就意味着此时行情不确定。当我们遇到三金叉与其他技术指标出现冲突的时候，应尽量以观望为主；当三金叉与其他技术指标出现同一方向的进场提示时，我们才可以进场。

图 8-51　沪铝 2307 合约的日 K 线走势图

在图 8-52 所示的短纤 2303 合约的日 K 线走势图中，这是一个失败的运用三死叉的案例。行情出现了谐波形态的反转 D 点，在反转 D 点出现后行情有可能由下跌转为上涨。但是行情在出现谐波形态的反转 D 点后，又出现了三死叉，此时我们就不能按照三死叉的提示进场做空了，否则很容易造成亏损。这个现象和图 8-51 所示的情况是一样的，两个技术指标出现了冲突，我们应以观望为主。

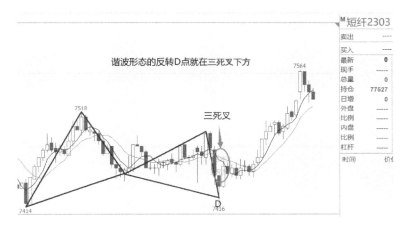

图 8-52　短纤 2303 合约的日 K 线走势图

# 8.13　"一箭三雕"技术指标合理使用的全程解析

在图 8-53 所示的花生 2304 合约的 5 分钟 K 线走势图中，当出现谐波形态的反转 D 点时，意味着下跌行情可能出现了拐点。当价格跌到反转 D 点附近无法继续下跌时，如果行情中再出现一个"一箭三雕"形态（圆圈处），就出现了两个上涨信号的共振。此时我们结合两个信号进场做多，盈利的可能性就大。

在图 8-54 所示的焦煤 2305 合约的 5 分钟 K 线走势图中，出现谐波形态的反转 D 点，这意味着行情可能要反转。在出现反转 D 点前，行情为下跌趋势，也就意味着在出现反转 D 点后，行情有可能由下跌趋势转为上涨趋势。紧接着行情又出现了"一箭三雕"形态（圆圈处），这是进场做多的信号。"一箭三雕"形态的出现和谐波形态中出现反转 D 点，都代表着行情将要上涨。此时我们按照"一箭三雕"形态进场做多的胜算就比较大。

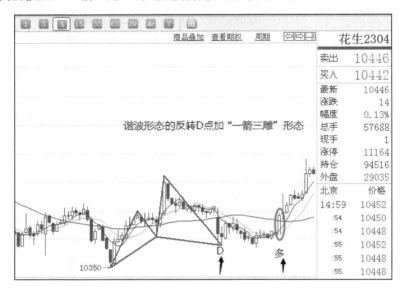

图 8-53　花生 2304 合约的 5 分钟 K 线走势图

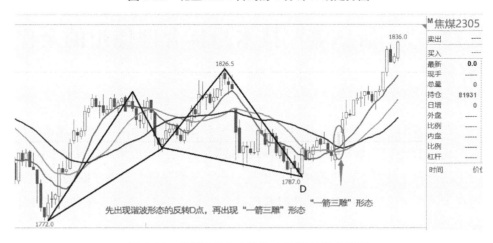

图 8-54　焦煤 2305 合约的 5 分钟 K 线走势图

在图 8-55 所示的苯乙烯 2303 合约的 60 分钟 K 线走势图中，行情中总共出现了 3 个"一箭三雕"形态（圆圈处）。当第一个"一箭三雕"形态出现的时候，下方的 MACD 指标中出现了死叉，此时这两个技术指标释放的信号出现了冲突。我们若根据"一箭三雕"形态进场做多，成功率就非常低。

第二个圆圈处是第二个"一箭三雕"形态，其下方 MACD 指标中出现的是金叉。"一箭三雕"形态配合 MACD 指标中的金叉，此时进场的成功率就会大大地提高。

在第三个"一箭三雕"形态出现后，下方的 MACD 指标中出现了金叉，此时进场做多的成功率很高。所以投资者在实际交易中，无论根据何种技术指标进场，在进场前都应尽量将几种技术指标结合起来分析行情，这样才会提高进场的成功率。

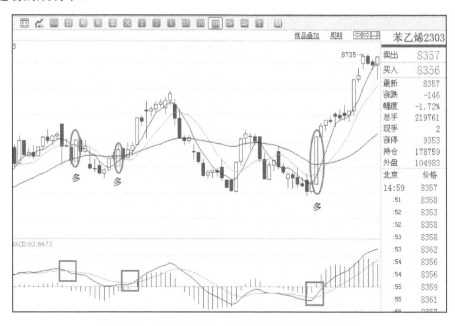

图 8-55　苯乙烯 2303 合约的 60 分钟 K 线走势图

# 第 9 章

**9**

# 技术指标的原理及使用

## 9.1　"一箭三雕"做多的原理

"一箭三雕"形态俗称"一阳穿三线"，它的基本特征是：一根中长阳 K 线从下往上穿过 5 日均线、10 日均线和 30 日均线。如果投资者还用到其他的均线，如 60 日均线等，那么这根中长阳 K 线从下往上穿过的均线的数量越多越好，最少要 3 条。行情中一旦出现"一箭三雕"形态，往往意味着多方能量非常地强。当价格处在相对较低的价格区间的时候，均线缠绕，并且价格的波动区间越来越小。突然一根中长阳 K 线由下往上突破 5 日均线、10 日均线、30 日均线，并且收盘价处于 30 日均线之上。这是典型的上涨行情启动的信号，是主力资金展开大反攻的突出标志，是一次难得的做多机会。

在图 9-1 所示的橡胶 2301 合约的 5 分钟 K 线走势图中，行情经过了横盘整理，5 日均线、10 日均线及 30 日均线缠绕在一起。当一根中长阳 K 线由下往上一举突破由 5 日均线、10 日均线及 30 日均线组成的短中长期均线系统时（圆圈处），只要价格处在 30 日均线上方，我们就可以进场做多，还要顺势交易，在逆势行情中操作再好的进场方法也很难获利。

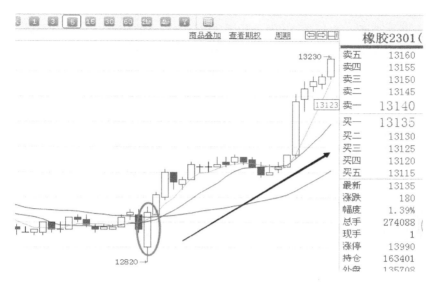

图 9-1　橡胶 2301 合约的 5 分钟 K 线走势图

在图 9-2 所示的不锈钢 2210 合约的 5 分钟 K 线走势图中，我们发现行情出现了下跌后的筑底，在筑底过程中行情又突然出现了急跌，然后以一根中长阳 K 线突破由 5 日均线、10 日均线及 30 日均线组成的短中长期均线系统。此时我们应以行情出现"一箭三雕"形态为依据进场做多，如果能在行情出现"一箭三雕"形态的同时放大成交量，效果会更好。

图 9-2　不锈钢 2210 合约的 5 分钟 K 线走势图

在图 9-3 所示的生猪 2301 合约的 60 分钟 K 线走势图中，在行情经过下跌筑底后，一根大阳 K 线从下往上穿过 5 日均线、10 日均线及 30 日均线（圆圈处），这就是典型的"一箭三雕"形态，此时我们应以此为依据进场做多。"一箭三雕"形态可以出现在下跌行情的末端，也可以出现在上涨行情的中途，或者出现在横盘整理期间。"一箭三雕"形态出现在上涨行情的中途所释放的信号，要比出现在下跌行情的末端所释放的信号更强，此时我们需要分辨行情在波浪理论中所处的位置。

图 9-3　生猪 2301 合约的 60 分钟 K 线走势图

图 9-4 所示为豆一 2211 合约 5 分钟 K 线走势图中的"一箭三雕"形态。当行情出现符合"一箭三雕"做多条件的 K 线时，看盘软件主图中的 K 线就会变成黄色（本书为黑白印刷，黄色无法体现），省去了投资者分析行情及寻找买卖机会的环节。这里提醒大家，"一箭三雕"技术指标应安装在电脑版文华 6 软件上，博易大师不能安装，手机也不能安装，安装方法笔者稍后会讲解。

"一箭三雕"这个最基础的技术指标，没有添加太多的条件，所以单独使用不一定能达到理想的效果。投资者一定要将其和其他技术指标配合使用才能提高成功率，千万不要盲目套用。任何技术指标都不可能达到百分之百的成功率，期望值过高的投资者请谨慎使用。

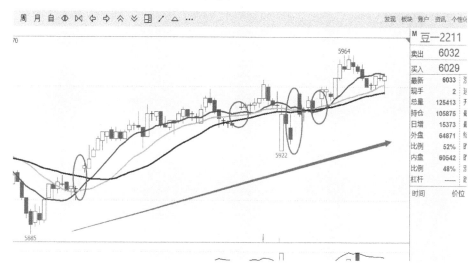

图 9-4　豆一 2211 合约 5 分钟 K 线走势图中的"一箭三雕"形态

# 9.2　三金叉做多的原理

　　三金叉做多形态涉及均线、MACD 指标和 KDJ 指标。顾名思义，当均线、MACD 指标、KDJ 指标同时出现金叉时，就进场做多。之前笔者讲过根据 MACD 指标的快慢线与价格背离的情况分析行情的技巧，接下来讲解一下如何将 MACD 指标中的金叉和其他指标配合进场做多的技巧。

　　MACD 指标又称异同移动平均线，由长期均线 DEA（慢线）和短期均线 DIF（快线），以及红色多头能量柱（多头）、绿色空头能量柱（空头）、0 轴（多空分界线）五部分组成。MACD 指标的最基本用法就是，快线由下向上突破慢线形成金叉为买入信号，快线由上向下跌破慢线形成死叉为卖出信号。单一指标的缺点就是滞后性，并且单独使用的成功率并不高，如果和其他指标配合使用，就可以提高成功率。接下来我们就将 MACD 指标和均线、KDJ 指标配合使用，提高指标的成功率。MACD 指标中的金叉最好在 0 轴上面，这样的金叉也就是俗称的"水上金叉"，如图 9-5 所示。

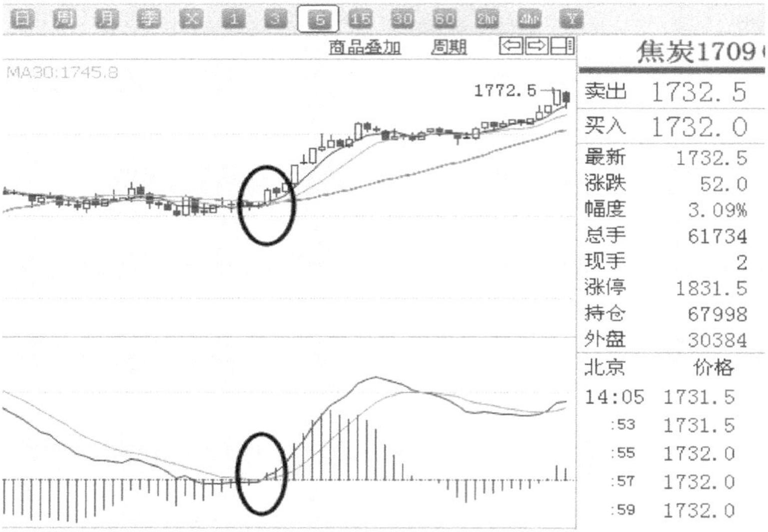

图 9-5　MACD 指标中的"水上金叉"

三金叉做多形态首先要有 MACD 指标中的"水上金叉"，然后要有均线金叉，因为我们经常用 3 根或者 3 根以上的均线分析行情。接下来我们就以 5 日均线、10 日均线及 30 日均线为例来讲解均线金叉。均线金叉可以是 5 日均线上穿 10 日均线或者 30 日均线，也可以是 10 日均线上穿 30 日均线或者 5 日均线。期货技术没有严格的固定模式，我们在实际交易中一定要灵活运用。

还有一个金叉就是 KDJ 指标金叉。KDJ 指标又叫随机指标，最早起源于期货市场，由乔治·莱恩首创。KDJ 指标主要是用来研究最高价、最低价和收盘价之间的关系的，同时也融合了动量观念、强弱指标和移动平均线的一些优点，因此能够迅速、快捷、直观地反映行情，被广泛用于股票和期货的趋势分析中，是期货和股票市场上最常用的指标。在分析三金叉做多形态时，我们只使用 KD 这个随机指标就可以了，因为 KDJ 指标里面的 J 值暂时用不到。如图 9-6 所示，当 KD 指标中出现金叉时，意味着行情将要上涨；当 KD 指标中出现死叉时，意味着行情将要下跌。

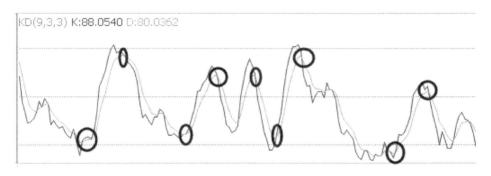

KD(9,3,3) K:88.0540 D:80.0362

**图 9-6　KD 指标中的金叉与死叉**

以上给大家讲了 MACD 指标中的金叉、均线金叉、KD 指标中的金叉，这 3 个金叉中的任何一个出现，都是做多的信号，但是准确率并不高。如果 3 个金叉同时出现，那么成功率就比其中一个出现的成功率高。3 个金叉在 3 根 K 线范围内出现就算同时出现，大家在使用任何指标的时候都应该灵活运用。

在图 9-7 所示的纯碱 2301 合约的 5 分钟 K 线走势图中，当我们看到 MACD 指标、均线、KD 指标同时出现金叉（其中 MACD 指标中的金叉最好是水上金叉，3 个金叉在 3 根 K 线范围内出现就可以当作同时出现）时，就可以以此为依据做多，这是典型的三金叉做多形态。在期货交易中，我们一定要做到机会来了就毫不犹豫，不要有太多的杂念，克服人性的弱点，最终做到机械式交易，这样做期货才可能成功。

很多投资者就是在犹豫中错过了进场的最佳机会，在错过机会后又不甘心，然后盲目地进场，最后经常导致赚钱的机会没抓住，亏钱的机会总赶上，长期这样做下去，交易信心会受到很大的打击。

在图 9-8 所示的国际铜 2211 合约的 60 分钟 K 线走势图中，行情处于筑底后阴涨的状态，在上涨途中出现回调，之后 MACD 指标、均线、KD 指标同时出现金叉，这是一个典型的三金叉做多形态，投资者应以此为依据进场做多。机会来了就不要犹豫，很多机会在你犹豫过后想进场的时候，基本上就不存在了。

图 9-7 纯碱 2301 合约的 5 分钟 K 线走势图

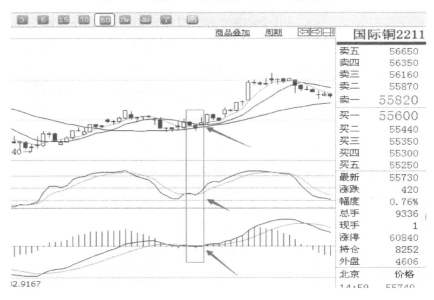

图 9-8 国际铜 2211 合约的 60 分钟 K 线走势图

图 9-9 所示为焦炭 2301 合约 5 分钟 K 线走势图中的"三金叉"。当 MACD 指标、均线、KD 指标同时出现金叉时，软件上就会出现"三金叉"字样。笔

者在实际交易中编写了不少软件指标，但是很少用，因为有时候软件上提示的
进出场信号会影响自己的主观判断。

图 9-9　焦炭 2301 合约 5 分钟 K 线走势图中的"三金叉"

# 9.3　三死叉做空的原理

　　刚刚通过列举案例给大家讲解了三金叉做多的原理及使用，接下来笔者
给大家讲解一下三死叉做空的原理及使用。三死叉做空和三金叉做多都用到
了 MACD 指标、均线、KD 指标。不同的是，三金叉做多的原理是 MACD 指
标、均线、KD 指标同时出现金叉，而三死叉做空的原理是 MACD 指标、均
线、KD 指标同时出现死叉。MACD 指标中的死叉在 0 轴下，也就是俗称的
"水下死叉"。

　　在图 9-10 所示的 20 号胶 2211 合约的 60 分钟 K 线走势图中，MACD 指
标、均线、KD 指标几乎同时出现死叉，这是一个典型的三死叉做空适用的形
态，我们应以此为依据进场做空。3 个死叉同时出现的成功率要高于只出现一
个死叉的成功率，同时如果能结合其他的期货技术，如 K 线技术、量能技术
等，成功率会更高。

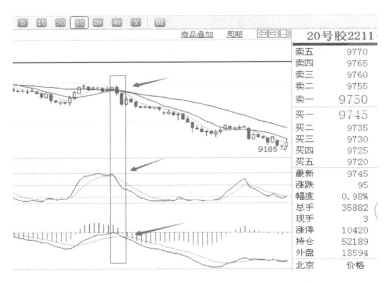

图 9-10　20 号胶 2211 合约的 60 分钟 K 线走势图

在图 9-11 所示的棉纱 2301 合约的 5 分钟 K 线走势图中，价格在反弹到 30 日均线附近时受到阻挡，然后均线出现了死叉，同时 MACD 指标和 KD 指标中也出现了死叉。这就意味着三死叉做空适用的形态出现，我们可以积极地进场做空。

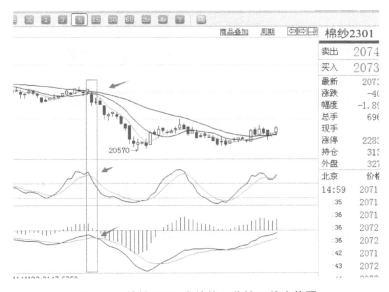

图 9-11　棉纱 2301 合约的 5 分钟 K 线走势图

在实际交易中，要想在几十个品种中找出某个符合条件的品种其实很难，除非你只盯一两个品种。只要行情中 MACD 指标、均线、KD 指标中同时出现死叉，软件上就自动弹出"三死叉"字样，如图 9-12 所示。这让大家节省了很多分析行情的时间与精力。最后提醒各位读者：指标仅供参考，不作为进场依据，按此进场，盈亏自负，请理性看待。

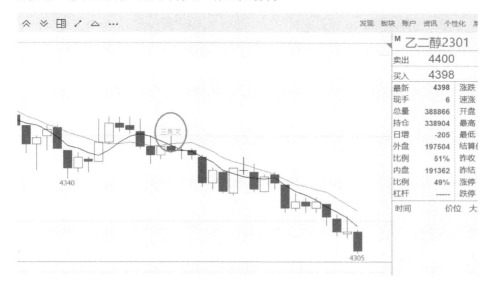

图 9-12　乙二醇 2301 合约 5 分钟 K 线走势图中的"三死叉"

## 9.4　技术指标的安装方法及使用技巧

再次提醒大家，"一箭三雕"技术指标、三金（死）叉技术指标是安装在电脑版文华 6 软件上的。首先，如图 9-13 所示，打开文华 6 软件，单击右上角的"系统工具"。

其次，如图 9-14 所示，单击"指标管理器"。

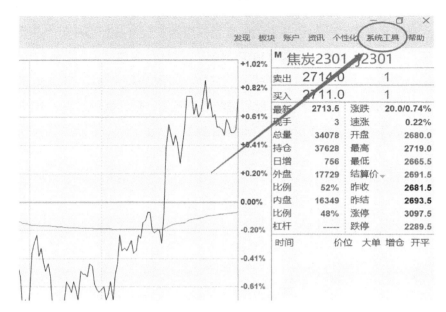

图 9-13　系统工具

图 9-14　指标管理器

然后，如图 9-15 所示，单击页面上方的"导入导出"。

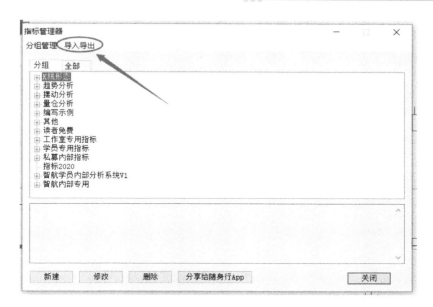

图 9-15　导入导出

这里要提醒大家：工作人员下载的技术指标文件大家不要去解压，更不要以为直接在下载文件上双击就可以打开使用了。大家在下载技术指标文件的时候一定要记着下载的位置，如图 9-16 所示，单击"打开"即可。

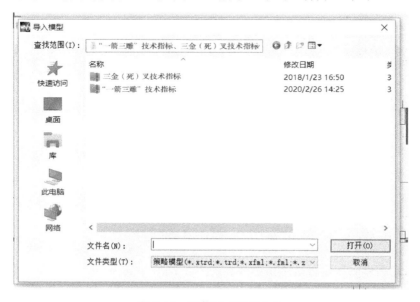

图 9-16　下载技术指标文件

这里还要提醒大家：在导入时记住将技术指标导入指标管理器中的哪个文件夹里面了，方便调用 "导入成功"字样。

技术指标的调用方法如图 9-17 所示。随便打开某一商品期货的 K 线图，先单击鼠标 "右键"，出现对话框，再单击 "技术指标"，右面出现对话框，然后单击 "读者免费" [笔者把 "一箭三雕"技术指标和三金（死）叉技术指标放在了一个名为 "读者免费"的文件夹中]，右面又出现对话框，我们将鼠标移到想要调用的技术指标上即可。

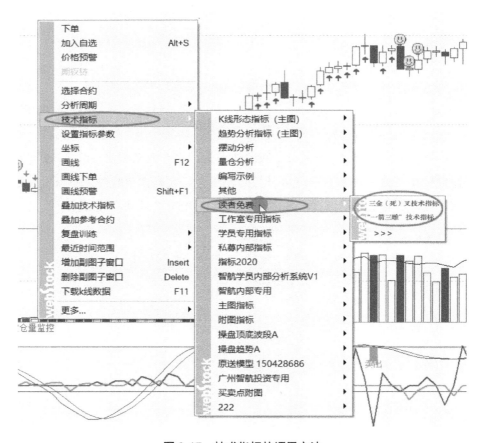

图 9-17　技术指标的调用方法

我们还可以将两种技术指标叠加使用，如图 9-18 所示，打开某一商品期货的 K 线图，单击鼠标 "右键"出现对话框，选择 "叠加技术指标"。

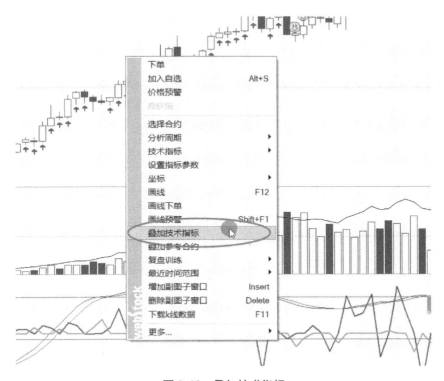

图 9-18　叠加技术指标

如图 9-19 所示，我们可以把两个技术指标同时加载到软件上。如果不想同时用两个技术指标，就单击技术指标右侧的"选出"即可。

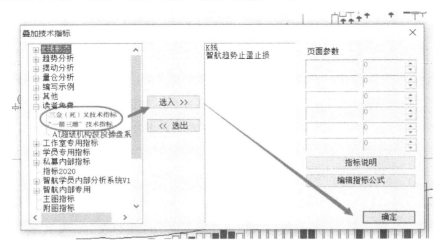

图 9-19　把两个技术指标同时加载到软件上

技术指标的使用技巧：建议大家不要单独地使用某种技术指标，技术指标好用与否和技术指标本身有关，同时使用者会不会用也至关重要。笔者建议投资者将两三种技术指标结合起来使用。在图9-20中，我们看到在行情出现"一箭三雕"技术指标使用信号的同时（圆圈处），下方的KD指标中也出现金叉，这叫作技术指标共振，即两个技术指标同时提示进场，此时进场胜算大。

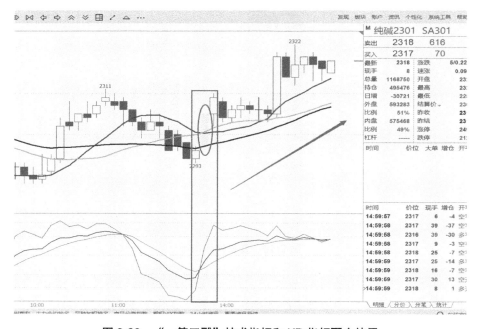

图9-20　"一箭三雕"技术指标和KD指标配合使用

在图9-21中，我们看到行情出现了"一箭三雕"技术指标的使用信号（圆圈处），如果此时我们单独使用"一箭三雕"技术指标进场，有可能刚刚进场就会遭遇行情反转，为什么？通过谐波技术发现，上方的不远处就是谐波形态的反转D点，如果你不懂其他技术指标就盲目地套用，那么此时进场有可能会亏损。所以笔者建议投资者一定要懂一些技术指标，将技术指标结合着使用，会大大提高我们进场的成功率，同时也可以避免不必要的亏损。

在图9-22中，两个圆圈处分别是两个"一箭三雕"技术指标的使用信号。第一个"一箭三雕"技术指标的使用信号和"智航日线趋势"系统的信号是相反的，如果投资者此时进场就有可能亏损。第二个"一箭三雕"技术指标的使用信号和"智航日线趋势"系统的信号同步，形成了共振，那么此时进场的胜算就大。笔者经常和投资者说，技术指标最终的使用结果完全取决于投资者本身，投资者一点技术招标都不懂，拿来一个就盲目套用，再好的技术指标也发挥不出它应有的作用。

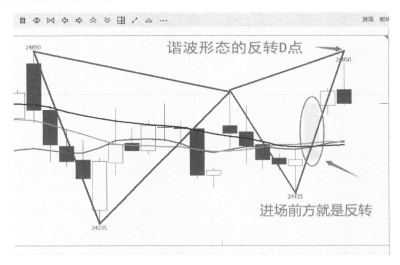

图 9-21    "一箭三雕"技术指标和谐波技术配合使用

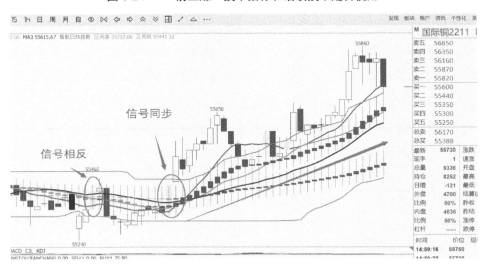

图 9-22    "一箭三雕"技术指标和"智航日线趋势"系统配合使用

# 后 记

感谢您看到了最后一页，每天在交易之余，与广大的投资者分享期货实战技术，已经成为笔者生命中的一部分。每一本著作的完成，不只是笔者的功劳，同时也是"广州智航白云龙团队"共同的付出。每天在工作室和操盘手一起交流，总结出一些新的进场方法和交易技巧，笔者都会将其用心地记下来。目的就是让广大的投资者学习到专业、系统的期货实战技术。

本书以短线交易技术为出发点，为大家讲解了支撑位与阻力位、趋势行情的特征、高胜算进场技巧等知识。这些知识不仅有助您进行短线交易，也有助您进行波段及中长线交易，因为本书所讲的技术在任何周期中都可以使用。通过对笔者所有著作的学习您会发现，笔者基本对交易的每一个环节都进行了讲解，目的就是让读者通过学习建立一套属于自己的交易系统。

笔者与团队成员研究期货交易 20 多年，专注于培养职业操盘手。20 多年间，笔者及团队成员先后多次参加全国各类期货实盘大赛，荣获冠军、季军等多种奖项，目前与全国 30 多个私募投资公司、操盘团队建立了长期合作关系，开展资金管理、职业操盘手培养、操盘手推介等业务。笔者的团队自成立以来，培养了上百名优秀的期货职业操盘手，让许多有交易梦想的散户从此走上了职业操盘手之路，同时也让无数的散户摆脱了交易困境。

期货交易是一门非常严谨的技术，同时也可以被当作一辈子的职业，容不得半点浑水摸鱼，更不是赌博。期货市场上财富的积累过程是一个聚沙成塔的过程，我们要脚踏实地地学习期货交易技术，严谨地对待每笔交易，在失败中总结经验，通过系统的学习及实盘交易经验的积累，最终达到稳定获利、以交易为生的目的。最后祝愿所有的投资者在期货交易中越做越好。

白云龙

2023 年 1 月 8 日

# 反侵权盗版声明

电子工业出版社依法对本作品享有专有出版权。任何未经权利人书面许可，复制、销售或通过信息网络传播本作品的行为；歪曲、篡改、剽窃本作品的行为，均违反《中华人民共和国著作权法》，其行为人应承担相应的民事责任和行政责任，构成犯罪的，将被依法追究刑事责任。

为了维护市场秩序，保护权利人的合法权益，我社将依法查处和打击侵权盗版的单位和个人。欢迎社会各界人士积极举报侵权盗版行为，本社将奖励举报有功人员，并保证举报人的信息不被泄露。

举报电话：（010）88254396；（010）88258888

传　　真：（010）88254397

E-mail：　dbqq@phei.com.cn

通信地址：北京市万寿路 173 信箱

　　　　　电子工业出版社总编办公室

邮　　编：100036